Agricultural

要素禀赋、结构升级与农业全要素生产率提升

李明文◎著

Factor Endowment,
Structure Upgrading and Agricultural Total
Factor Productivity Improvement

经济管理出版社
ECONOMY & MANAGEMENT PUBLISHING HOUSE

图书在版编目（CIP）数据

要素禀赋、结构升级与农业全要素生产率提升/李明文著．—北京：经济管理出版社，2021.7
ISBN 978-7-5096-8137-4

Ⅰ．①要…　Ⅱ．①李…　Ⅲ．①农业经济—经济增长—研究—中国 ②农业生产—全要素生产率—研究—中国　Ⅳ．①F323

中国版本图书馆 CIP 数据核字（2021）第 140412 号

组稿编辑：吴　倩
责任编辑：丁慧敏　吴　倩
责任印制：黄章平
责任校对：董杉珊

出版发行：经济管理出版社
（北京市海淀区北蜂窝 8 号中雅大厦 A 座 11 层　100038）
网　　址：www. E-mp. com. cn
电　　话：（010）51915602
印　　刷：唐山玺诚印务有限公司
经　　销：新华书店
开　　本：710mm×1000mm/16
印　　张：12.75
字　　数：210 千字
版　　次：2021 年 8 月第 1 版　　2021 年 8 月第 1 次印刷
书　　号：ISBN 978-7-5096-8137-4
定　　价：68.00 元

前 言

中国经济由高速增长阶段转向高质量发展阶段，农业作为国民经济的基础，也要适应并遵循这一趋势，向高质量发展阶段迈进，而农业的高质量发展对于保障中国粮食安全、减少贫困发生率、缩小城乡差距和实现乡村振兴战略具有重要的现实意义。但长期以来，我国农业生产仍然依靠资本、劳动力和资源等要素的投入，通过投入规模的扩大来实现农业产出的增加，这种粗放型的增长方式终究会后劲不足、难以为继，因此，在经济发展新常态的背景下，亟须找到一个新的推动力，来实现农业的高质量发展；而全要素生产率的提高可使要素配置趋于优化，提高要素生产效率，是农业经济增长新的动力源泉。

新结构经济学认为要素禀赋是分析产业结构问题的逻辑起点，同样也是决定农业经济可持续增长的基础因素。“人多地少”是我国农业要素禀赋的基本状况，但随着刘易斯拐点的出现和人口红利的逐渐消失，农业的要素禀赋结构正在发生着根本性的变化。同时，在耕地面积减少、农业资源环境约束趋紧、农村青壮年劳动力持续流失的现实约束下，如何突破制约现代农业发展的各种瓶颈，来解决“谁来种地”“如何种地”等突出问题？农业结构升级作为农业全要素生产率增长的关键驱动因素，可通过优化农业资源配置来改善要素结构，提高农业全要素生产率，这是破解上述难题的有效路径。

基于以上分析，提出本书的科学问题：在农业劳动力要素不断转移、资本要素快速替代及土地要素稀缺程度升高的趋势下，农业要素禀赋变化是否会促进农业结构升级？而农业结构升级是否可以促进农业全要素生产率的提升？且农业全要素生产率提升带来的效应如何？这些问题都亟待研究及解答。

本书基于2003~2017年中国1743个县域的农业面板数据，首先运用要素禀赋理论测度农业土地、资本和劳动力的要素禀赋系数，利用空间SARAR模型实证分析要素禀赋对农业结构升级的影响及作用机理；其次采用DEA-

Malmquist 指数法测度县域农业全要素生产率，利用空间计量模型和门槛回归模型揭示农业结构升级对农业全要素生产率的非线性影响与作用路径；最后对农业全要素生产率提升带来的效应进行分析。本书共分为九章，主要研究内容提炼如下：

第一，要素禀赋、结构升级与农业全要素生产率的理论分析框架。首先，运用林毅夫的新结构经济学构建理论分析框架，从理论上分析农业要素禀赋结构变化成因、要素禀赋变化对农业结构升级的影响及作用机理、农业结构升级对农业全要素生产率的影响及作用机理；其次，利用数理模型推导，尝试理论推导要素禀赋变化对农业结构升级的影响、农业结构升级对农业全要素生产率的提升作用。

第二，要素禀赋变化对农业结构升级的影响分析。首先，运用要素禀赋理论测度县域农业土地、资本和劳动力的要素禀赋系数，并测度县域农业结构的合理化、高级化和服务化指数，分析其动态演变趋势；其次，利用空间SARAR 和 SEM 模型实证分析要素禀赋变化对农业结构升级的影响；最后，基于技术进步偏向视角分析要素禀赋对农业结构升级的影响机理。

第三，农业结构升级对农业全要素生产率的影响分析。首先，运用 DEA-Malmquist 指数法测度县域农业全要素生产率及分解指数，并分析其动态变化趋势；其次，采用 Moran's I 指数检验农业全要素生产率及分解指数的空间溢出效应，利用空间 SARAR 和 SDM 模型实证探索农业结构合理化、高级化和服务化指标对农业全要素生产率及分解指数的影响与作用路径；最后，利用门槛回归模型实证检验农业结构合理化、高级化和服务化指标对农业全要素生产率及分解指数的非线性影响与作用路径。

第四，农业全要素生产率提升的效应分析。从增长效应和收入效应两方面来分析农业全要素生产率提升带来的正向效应。首先，运用增长速度模型测度农业全要素生产对农业经济增长的贡献率，进而揭示其影响因素；其次，实证验证农业全要素生产率对城乡收入差距的影响效应。

本书的主要研究发现有：

第一，2003~2017 年资本要素在农业要素禀赋结构中所占份额逐年快速上升，而劳动力要素在农业要素禀赋结构中所占份额逐年下降，且 2003~2009 年中国县域要素禀赋结构出现固化迹象；县域农业结构逐渐趋于合理化，而农业结构高级化在 2008~2015 年出现恶化情况之后得到缓解。资本要素禀赋系数的提高可以促进农业结构合理化、高级化和服务化水平，土地要素禀赋系数的提高可以促进农业结构合理化和服务化水平，而劳动力要素禀赋系数升高阻碍了农业结构合理化、高级化和服务化水平的提升，即农业结构优化升级需要适当提高资本要素的相对丰裕程度，而适当降低劳动力要素的相对丰裕度；县域农业要素配置与技术进步偏向相匹配，两者共同作用可以促进农业结构的升级。

第二，2004~2017 年中国县域农业全要素生产率呈现波动中下降的趋势，而县域整体的技术效率水平相对较低，且技术进步是农业全要素生产率提升的主要源泉；不同区域间农业全要素生产率存在差异，中、东、西部县域农业全要素生产率指数呈现依次递减的趋势，中部县域农业全要素生产率提升最快；县域农业全要素生产率、技术效率和技术进步均未呈现出显著的 δ 收敛趋势，但农业全要素生产率、技术效率和技术进步却存在显著的绝对 β 收敛和条件 β 收敛现象。

第三，农业结构合理化和高级化水平的提高均有利于农业全要素生产率的提升，而农业结构服务化反而阻碍了农业全要素生产率的提升；其中农业结构高级化对农业全要素生产率的提升作用主要通过提高技术进步来实现，而农业结构合理化和服务化对全要素生产率的影响作用通过技术进步和技术效率共同作用完成。农业结构合理化水平的提高均促进了东、中、西部县域农业全要素生产率的提升，且对东部县域的促进作用最大；农业结构服务化对东、中、西部县域农业全要素生产率均形成了阻碍作用，且对西部的阻碍作用最大；而农业结构高级化仅促进了东部和西部县域农业全要素生产率的提升，对中部县域的提升作用不明显；农业结构升级对东、中、西部农业全要素生产率的影响作用均通过技术进步途径实现，技术效率实现途径不明显。

第四，农业结构对农业全要素生产率存在非线性的影响，当劳均耕地作为门槛变量时，存在单一门槛，且随着劳均耕地面积的增加，农业结构高级化和合理化对农业全要素生产率及分解指数的提升作用均不断增强，且农业结构服务化对农业全要素生产率及分解指数的影响由阻碍转变为促进作用；当劳均资本作为门槛变量时，存在双重门槛，且随着劳均资本量的增加，农业结构高级化和合理化对农业全要素生产率及分解指数的提升作用均不断增强，而农业结构服务化在第一、第二区间时对农业全要素生产率及分解指数形成阻碍作用，当跨过门槛值 0.2070 时，其对农业全要素生产率及分解指数的影响由阻碍转为促进作用。

第五，2004~2017 年县域农业全要素生产率和农业资本要素是农业产出贡献率的主要推动力，且县域农业全要素生产率对农业产出的贡献率呈现先降后升的 U 形趋势，而农业资本要素对农业产出的贡献率呈现不断升高的态势；县域农业经济增长对资本要素投入的依赖程度有增强的趋势，这不利于农业经济转向效率和质量型增长；而农业全要素生产率的贡献增加有利于农业经济增长转型升级；2004~2017 年县域整体及东、中、西部县域城乡收入差距均呈现倒 U 形规律，且东、中、西部县域的城乡收入差距呈依次递增的规律，实证验证了农业全要素生产率提升可以显著减小县域的城乡收入差距。

目 录

第三章　理论分析与数理模型构建

第四章　县域要素禀赋与农业结构升级的动态演变

第五章 要素禀赋对农业结构升级的影响

第六章 县域农业全要素生产率测度、变化及收敛分析

第七章 结构升级对农业全要素生产率的影响

第八章 农业全要素生产率提升的效应分析

| 第一章 |

绪　论

第一节　研究背景与意义

一、研究背景

中国经济由高速增长阶段转向高质量发展阶段，农业作为国民经济的基础，同样要适应并遵循这一规律，农业高质量发展对于保障中国粮食安全、减少贫困发生率、缩小城乡差距和实现乡村振兴战略具有重要的现实意义。推进农业高质量发展，优化结构、提质增效是关键，但长期以来，中国农业生产仍然依靠资本、劳动力和资源等要素的投入，通过投入规模的扩大来实现农业产出的增加，这种粗放型的增长方式终究会后劲不足、不可持续（贺晓宇等，2018）。同时，在耕地面积减少、农业资源环境约束趋紧、农村青壮年劳动力持续流失的现实约束下，亟须找到一个新的推动力，来实现农业产业转型升级与可持续发展；而全要素生产率是在生产要素投入既定的条件下所达到的额外生产效率，是一切由创意和创新带来的效率改进（马茹等，2019），因此，保障农业高质量发展的关键在于提升生产效率，即农业全要素生产率（张利国等，2016）。

中国经济进入新常态，经济条件及环境已经发生了质的变化（崔秀丽，2020），随着刘易斯拐点的出现和人口红利的逐渐消失，农业的要素禀赋结构正在发生着根本性的变化（吴丽丽等，2015）。一方面，随着城镇化的快速推进，非农建设用地面积增加，导致了耕地面积的减少，土地要素成本上升（尹朝静等，2018），若要在有限甚至日益减少的土地上实现农业可持续发展，需要现代农业生产要素对传统农业生产要素的有效替代以期提高土地生产率；另一方面，城镇化的快速推进，使农村大量的青壮年劳动力不断向城市转移，随着农民非农收入的增加，劳动力机会成本不断上涨，劳动力的流失导致“谁来种地”“如何种地”等问题凸显（项继权和周长友，2017），农业生产需要更多的资本要素对劳动力要素进行有效替代，来提高劳动生产率。

新结构经济学认为产业结构的切入点是要素禀赋，一个经济体在每个时点上的产业结构内生于该经济体在该时点给定的要素禀赋结构，与产业相适应的软硬基础设施也因此内生决定于该时点的要素禀赋结构（林毅夫，2017），同样农业要素禀赋是分析中国农业结构问题的逻辑起点（魏金义和祁春节，2015），农业生产在土地、劳动力和资本要素不断变化的趋势下，必然会带来农业结构的变迁，而农业结构在变迁中如何转型升级对于农业全要素生产率的提升及农业高质量发展的重要作用不言而喻。

如何突破制约现代农业发展的各种瓶颈，解决“谁来种地”“如何种地”等突出问题，从农业结构升级的视角可能是破解上述难题的有效路径，成为当下推进乡村振兴，加快农业高质量发展迫切需要研究的重要课题。农业结构升级作为农业全要素生产率增长的关键驱动因素，通过优化农业资源配置来改善要素结构（秦天等，2017），提高农业全要素生产率。目前，在农业劳动力要素不断转移、资本要素快速替代及土地要素持续减少的趋势下，农业生产要素的流动与变化带来了农业结构变迁，而农业结构在变迁中如何转型升级且农业结构升级是否是农业全要素生产率提升的关键因素？农业全要素生产率提升带来的效应如何？这些问题都亟待研究及解答。

鉴于此，本书基于2003~2017年1743个县域的农业面板数据，运用要素禀赋理论测度农业要素禀赋系数及结构指数，利用空间SARAR模型探索要素禀赋变化对农业结构升级的影响机理，进一步运用DEA-Malmquist指数法测度农业全要素生产率，利用空间计量模型和门槛回归模型揭示农业结构升级对农业全要素生产率的影响机理与作用路径，最后基于增长效应和收入效应分析农业全要素生产率提升带来的作用效应。

二、研究意义

农业要素禀赋不断变化，带来农业结构变迁，而农业结构在变迁中如何转型升级对于农业全要素生产率的提高及农业经济的高质量发展的重要作用毋庸置疑。研究意义从理论与现实两方面阐述：

（1）理论意义。一方面，把要素禀赋作为分析农业结构的逻辑起点，进一步揭示了农业结构升级对农业全要素生产率的提升作用，三者的研究框架丰富了农业全要素生产率相关研究的视角；另一方面，把新结构经济学的要素禀赋理论引入农业领域，探索要素禀赋与农业结构升级的关系，拓展了新结构经济学的研究领域；同时，为要素禀赋、结构升级与农业全要素生产率的理论研究提供了来自县域的证据，为农业经济增长理论提供相应的理论参考。

（2）现实意义。在农业高质量发展背景下，研究要素禀赋对农业结构升级的影响作用，对于进一步促进农业产业结构优化升级提供证据参考；同时，在耕地面积减少、农业资源环境约束趋紧、农村青壮年劳动力持续流失的现实约束下，探索农业要素禀赋变化是否会带来农业结构的升级，及农业结构升级是否是农业全要素生产率提升的关键因素，进而提出相应的启示建议，对如何提高农业全要素生产率及探索农业高质量发展路径提供一定的政策参考。

第二节 研究目标和内容

一、研究目标

本书基于2003~2017年中国县域农业面板数据，运用要素禀赋理论测度县域农业土地、资本和劳动力要素禀赋系数，同时运用产业结构演变理论测度农业结构合理化、高级化和服务化指数，进而利用空间SARAR模型揭示要素禀赋对农业结构升级的影响关系；采用DEA-Malmquist指数法测度县域农业全要素生产率，利用空间和门槛模型探索农业结构升级对农业全要素生产率的提升作用，最后分析农业全要素生产率提升的作用效应，据此提出促进县域农业全要素生产率提升的相应对策建议。具体目标如下：

（1）构建理论分析框架，利用理论分析和数理推导分析要素禀赋变化对农业结构的影响机理，及农业结构升级对农业全要素生产率的影响作用。

（2）利用空间计量模型实证验证要素禀赋对农业结构升级的影响，并基于技术进步偏向视角探讨其影响机理，进一步利用空间计量模型和门槛效应模型实证检验农业结构升级对农业全要素生产率的非线性影响与作用路径。

（3）从增长效应和收入效应出发，实证检验农业全要素生产率提升对农业经济的增长效应及城乡收入差距效应的分析。

二、研究内容

本书在文献回顾及县域数据整理的基础上，构建要素禀赋、结构升级与农业全要素生产率的理论分析框架，利用空间计量模型实证分析要素禀赋对农业结构升级的影响、农业结构升级对农业全要素生产率的提升作用。主要研究内容如下：

（1）要素禀赋、结构升级与农业全要素生产率的理论分析。首先，在运用要素禀赋理论分析农业要素禀赋流动及结构变化成因的基础上，构建理论框架分析要素禀赋对农业结构升级的影响及作用机理，进一步构建农业部门数理模型，理论推导要素禀赋对农业结构升级的实现路径。其次，构建理论框架分析农业结构升级对农业全要素生产率的影响，及农业结构对农业全要素生产率影响的门槛效应机理，进一步运用新古典增长模型构建农业三要素部门投入产出的数理模型，理论推导农业各产业部门资本、劳动力和土地要素配置带来的农业结构升级对农业全要素生产率的影响机理。

（2）县域要素禀赋和农业结构升级的测度与动态演变。首先，运用林毅夫新结构经济学的要素禀赋理论，基于2003~2017年县域农业面板数据，测度农业土地、资本和劳动力要素禀赋系数，在此基础上测度农业各要素禀赋指数，分年份、县域、区域进行时空性、阶段性、区域性的动态演变趋势分析。其次，运用产业结构演变理论，从县域整体及不同区域县域分析其时间和空间的动态演变趋势，揭示其演变的规律特征。

（3）要素禀赋变化对农业结构升级的影响分析。首先，利用空间SARAR和SEM模型从整体与区域实证分析农业要素禀赋变化分别对农业结构合理化、高级化和服务化的影响。其次，基于技术进步偏向的视角，测度县域农业技术进步偏向指数，并进行农业要素配置与技术进步偏向的指数匹配，实证分析要素禀赋变化对农业结构升级的影响机理。

（4）县域农业全要素生产率的测度、变化与收敛分析。首先，采用 DEA-Malmquist 指数法测度农业全要素生产率及分解指数；其次，从县域整体及不同区域来分析农业全要素生产率的时间变化及空间差异；最后，利用经典收敛回归模型，对县域整体及东、中、西区域农业全要素生产率的收敛性进行了检验，分别从 δ 收敛、绝对 β 收敛和条件 β 收敛等方面检验农业全要素生产率、技术效率和技术进步是否存在收敛，进而探索其影响因素。

（5）农业结构升级对农业全要素生产率的影响分析。首先，利用空间 SARAR 和 SDM 模型实证验证农业结构合理化、高级化和服务化对农业全要素生产率及分解指数的影响及作用路径；其次，利用门槛回归模型，实证检验农业结构合理化、高级化和服务化对农业全要素生产率及分解指数的非线性影响及作用路径。

（6）农业全要素生产率提升的效应分析。从增长效应和收入效应两方面，分析农业全要素生产率提升对农业经济增长的贡献率及城乡收入差距的影响。首先，运用增长速度模型测度农业全要素生产对农业经济增长的贡献率，进而揭示其影响因素；其次，在测算县域城乡收入差距的基础上，实证分析农业全要素生产率对城乡收入差距的作用效应。

第三节 研究方法、概念界定及数据来源

一、研究方法

本书在研究分析过程中，所采用的研究方法主要有比较分析法、理论模型分析法、数理模型分析法、计量经济模型分析法等。针对不同研究内容，采用的研究方法具体如下：

（1）研究内容 1 所用的研究方法：理论模型分析法和数理模型分析法。

理论模型分析法：运用新结构经济学的要素禀赋理论，构建理论分析框

架剖析要素禀赋流动及结构变化的原因；借鉴林毅夫（2016，2017）的要素禀赋理论，构建要素禀赋变化影响农业结构升级的理论框架；从要素配置、专业分工和产业技术溢出角度构建理论框架分析农业结构升级对农业全要素生产率的影响作用，从规模经营角度构建理论框架分析农业结构对农业全要素生产率的门槛效应影响机理。

数理模型分析法：参考全炯振（2010）、吴丽丽（2015）和吴石磊（2018）等的相关研究，构建要素投入产出数理模型，从劳动和土地生产率角度理论推导要素禀赋变化促进农业结构升级的实现路径；运用新古典经济增长模型构建农业三要素部门投入产出的数理模型，推导农业结构升级对农业全要素生产率的影响机理。

（2）研究内容 2 所用的研究方法：比较分析法。

本部分内容采用比较分析方法对比分析县域农业要素禀赋和农业结构升级的动态演变趋势；对比分析东、中、西部县域间要素禀赋和农业结构升级的时空变化差异。

（3）研究内容 3 所用的研究方法：指标统计法和计量模型分析法。

指标统计法：采用 Moran's I 指数法检验农业结构合理化、高级化和服务化的空间相关性，进而分析其空间溢出效应；采用相关性、方差膨胀因子 VIF 检验来判断解释变量之间是否存在多重共线性问题；采用 BP 及 Hausman 检验判断面板数据的模型选择问题。

计量模型分析法：利用空间自回归模型（SARAR）和空间误差模型（SEM）实证分析要素禀赋的变化对农业结构升级的影响；利用空间杜宾模型（SDM）和面板 Tobit 模型对实证结果进行稳健性检验。

（4）研究内容 4 所用的研究方法：指数分解法和比较分析法。

指数分解法：采用 DEA-Malmquist 指数法测度县域农业全要素生产率指数，并把指数分解为技术进步、技术效率、纯技术效率和规模效率。

比较分析法：对比分析县域农业全要素生产率动态变化及东、中、西部县域间的时空变化差异。

（5）研究内容 5 所用的研究方法：计量模型分析法。

本部分内容利用空间 SARAR 和 SDM 模型实证分析农业结构升级对农业全要素生产率及分解指数的影响；进一步利用门槛回归模型实证检验农业结构升级各变量对农业全要素生产率的非线性影响。

（6）研究内容6所用的研究方法：计量模型分析法。

本部分内容运用增长速度模型测度县域农业全要素生产率对农业产出的贡献率；利用空间计量模型实证分析农业全要素生产率对农业产出贡献率的影响因素及农业全要素生产率对城乡收入差距的影响。

二、概念界定

（1）要素禀赋。经济学中的要素禀赋是指一个经济体所拥有的各种生产要素的构成及在此基础上所形成的一种比较优势。追溯经济学的历史，国际贸易理论中最早涉及要素禀赋的思想，英国古典政治经济学家李嘉图提出的比较成本学说及分工理论首先提出了要素禀赋的概念，他认为不同国家应该生产符合自己地区要素禀赋生产成本较低的商品，然后通过交换来获得那些与自己地区要素禀赋条件不相符的商品，从而满足地区的商品需求。

赫克歇尔和俄林在李嘉图理论的基础上对要素禀赋进行了首次系统的阐述，又称为H-O理论；与李嘉图的要素禀赋的思想不同，他们将要素的范围扩展为资本和劳动要素，并根据资本和劳动力禀赋理论提出了两个重要的核心概念——要素丰裕度和要素密集度，要素丰裕度即为早期的要素禀赋概念，是指一个国家或地区所拥有的资本和劳动要素的相对丰裕程度；但从赫克歇尔和俄林的要素禀赋理论来看，一个国家或地区的要素丰裕度是一成不变的，因此又将要素丰裕度称为静态要素禀赋。

雷布钦斯基与赫克歇尔不认同俄林的要素禀赋理论观点，他认为地区的要素禀赋不是既定不变的，随着时间推移要素禀赋是动态变化的过程，据此，提出了动态要素禀赋的概念。与静态和动态要素禀赋相对的概念是要素禀赋的绝对量和相对量；要素禀赋绝对量是指一个国家或地区在一个具体时间点上所用的各种要素的存量；而要素禀赋相对量是指一个国家或地区在一个具体时间点上各要素间的对比关系，体现了两个时间点上各要素之间对比关系的差异。

（2）农业要素禀赋。通过经济学中学者对要素禀赋的界定概念，本书对农业要素禀赋的概念进行相应的界定：农业要素禀赋是指一个国家或地区在一段时间可以用于农业生产的各种要素的相对量，且随着时间推移农业要素禀赋是动态变化的过程。广义的农业要素禀赋是指在农业生产中所投入的一切生产要素，包括土地、劳动力和以资本要素形式投入的淡水、种子、化肥、薄膜、机械等显性投入，同时还包括组织管理、人力资本投资、制度安排、知识、信息等隐性投入；狭义的农业要素禀赋是指农业生产中所投入的一切显性的生产要素，主要包括农作物种植的土地、从事农业生产的劳动力和农业生产中投入的资本要素。

本书所研究的农业要素禀赋是指狭义上的概念，即投入农业生产中的土地、劳动力和资本要素，三者构成了农业发展所需的主要物质基础条件，其相对变化即要素禀赋的变化会带来农业结构的变迁，因此，本书分析的重点是土地、劳动力和资本要素禀赋的变化对农业结构升级的影响，及农业结构升级对农业全要素生产率的影响作用。

（3）农业结构。农业结构是指农业各产业的构成及各产业之间的联系和比例关系，即种植业、林业、牧业、渔业和服务业之间的构成及比例关系。农业结构升级是指农业结构从低级形态向高级形态转变的过程（干春晖等，2015），其本质是农业生产要素在产业间的配置和再配置过程（刘伟和张辉，2008）。

本书县域农业结构升级的衡量指标包括农业结构合理化、高级化和服务化。其中农业结构合理化是指农业要素在各产业间有效配置，使投入产出结构趋于合理化且各产业间相互协调发展达到合理化的状态；其反映的是农业各产业间的聚合质量，其不但可以反映产业之间的协调程度，而且可以反映资源的有效利用程度，即农业结构合理化是要素投入结构和产出结构耦合程度的一种衡量。农业结构高级化是指农业结构不断地从低级向高级转变的过程，产业结构高级化的标准是非农比重逐渐增加且产业逐步向“服务化”方向发展（干春晖和郑若谷等，2011；于斌斌，2015；李东坤和邓敏，2016；刘伟和张立元，2018），因此，农业结构高级化是非农比重适当提高且农业结构逐渐趋于“服务化”。农业结构服务化是指农业中的服务业产值比重不断上升，是反映农业中服务业规模的表现方式之一（郭庆海，2015）。

（4）收敛。收敛是指低发展水平的经济体在长期的发展过程中向高发展水平的经济体逐渐趋近和靠拢的过程，因此收敛也被称为趋同。在经济发展的过程中，各个国家、各个地区的经济发展水平都参差不齐，有经济发达的国家，同样也有经济欠发达的国家；有经济发达的地区，也有经济欠发达的地区，因此，一个国家或地区在经济发展过程中，如何保持经济快速增长且如何减少国家或地区彼此间的经济发展水平差距一直以来是经济增长理论研究的热点问题。1956 年，Solow（索罗）在新古典增长模型中提出的经济增长收敛假说，成为经济增长领域对经济收敛问题研究的基础。

新古典经济增长理论认为，假定资本的边际产出递减，在经济体技术条件相同的前提下，假如经济体的要素可以自由流动，资本要素在利润率的驱使下会从经济发展水平高的地区向经济发展水平低的地区转移，而劳动要素恰恰相反，其在高生产率的驱使下从低生产率的地区向高生产率的地区流动，资本和劳动力要素的不断流动使得地区间的人均资本存量逐渐趋同，进而实现人均产出的趋同，最后不同地区间经济出现收敛的现象。

新古典经济增长理论将收敛进一步分为 δ 收敛和 β 收敛。δ 收敛是指随着经济发展，不同发展程度经济体间的产出指标的标准差会逐步减小，δ 收敛并没有对国家或地区初始条件进行假定。β 收敛最早由 Barro 和 Martin（1992）共同提出，且把 β 收敛进一步分为绝对收敛和相对收敛。绝对 β 收敛是指不考虑国家或地区的资源禀赋、技术和制度等初始条件的差异，不同经济发展水平国家或地区的人均产出水平会逐渐趋同于统一稳定形态，从现实经济中可以发现，经济发展水平较低的国家或地区一般经济增长速度较快，换句话说人均产出较低的国家和地区的增长速度较快，反之亦然。条件 β 收敛是指考虑了国家或地区的资源禀赋、技术和制度等初始条件的差异，不同国家或地区随着经济的发展会趋同或收敛于各自的稳定形态，且这些稳态是存在差异的，这时国家或地区间的经济差距依然存在。

国家或地区的经济不只会出现收敛，也会出现经济的发散。新经济增长理论认为在现代经济中，创新和技术正的外部性和人力资本规模报酬递增可使经济实现规模报酬递增，在此前提下，经济发展水平高的国家或地区由于技术进步和人力资本积累的提高，经济发展越来越快，而经济发展水平低的国家或地区则相反，即发展水平低的地区的发展速度会落后于经济发展水平较高的地区，这时，不同国家或地区的经济发展会出现发散的情况。

（5）全要素生产率。在了解全要素生产率概念之前要先了解效率的含义，经济学上的效率是指经济活动中各种要素投入转化为产出的有效程度，即要素投入的有效利用程度；全要素生产率是指产出增长率超出要素投入增长率的部分，即经济增长中不能被要素投入增长解释的部分，其反映了经济增长的质量（陈诗一，2010）。全要素生产率的增长率可分解为技术进步和技术效率。其中技术进步是指生产前沿面向外移动的过程；技术效率是指一个国家或地区，在一定技术水平和经济发展水平下，经济运行的投入最小、产出最大，是反映一个国家或地区经济运行是否有效率的度量标准。技术效率又可进一步分解为规模效率和纯技术效率。规模效率是指投入增加一定比例会带来更大比例的产出增加；纯技术效率是指在一定要素投入下，产出与生产前沿面或最优产出之间的距离，距离越小代表效率越高，反之亦然。

三、数据来源

县乃国之基，古语有“郡县治，天下安”。自秦以来绵延2500余年的县域，是我国历朝历代国家治理的基本单元；县域连接城乡，是宏观经济与微观经济的结合部，是工业化、城镇化、信息化与农业现代化的枢纽，在各个方面都起到了承上启下的作用（陈文胜，2014）。县域经济在国民经济中的地位是县域经济研究领域的一个重要论题，经验表明：县域经济在国民经济中的地位是否得到重视，直接关系到中国县域经济的发展绩效及其对中国国民经济的贡献份额。

本书的研究范围是农业领域，县域经济以农业和农村经济为主体，主要产业是农业，而农业是国民经济的基础，因此，县域是解决“三农”问题最好的切入点。中国的农业生产绝大部分来源于县域的贡献，因此利用县域数据来研究农业层面相关问题，比省级或市级层面数据，在大幅度增加数据样本量的同时更真实且更具代表性。

《中华人民共和国行政区域统计表》数据统计，截至2017年12月31日，全国县级行政区划单位共有2877个，其中包括市辖区980个、县级市366个、县1372个、自治县117个、旗49个、自治旗3个、特区1个（贵州省六枝特区，属于六盘水市辖区域）、林区1个（神农架林区，1970年经过国务院批准而建立，隶属湖北省管辖）。本书按照2017年县域行政区域统计来选择样本，下面是数据的筛选和分类：①由于市辖区的覆盖面积主要为城市，农业生产相对较少，因此本书研究范围不包括市辖区。②由于六枝特区和神农架林区的特殊性（并不以农业为主），样本也不包括这两个地区。③青海省和西藏自治区数据缺失严重，因此样本不包含青海省和西藏自治区的县。④由于香港、澳门和台湾经济体制与大陆的差异性，因此样本县域不包含香港、澳门和台湾的县。⑤北京、上海和天津这三个城市经济高度发达，县域经济主要以第二、第三产业为主，县域层面的农业生产也相对较少，研究意义不大，因此样本县域也不包括北京、上海、天津三个直辖市的县。⑥内蒙古自治区的巴彦淖尔市、乌兰察布市、兴安盟、锡林郭勒盟和阿拉善盟5市（盟）37个县的数据严重缺失，同样四川省的资阳市、阿坝藏族羌族自治州、甘孜藏族自治州和凉山彝族自治州51个县的数据也严重缺失，因此样本县域包括以上两省的部分数据。

样本数据经过筛选，最终县域样本数量为1743个县，数据主要来源于：①区域统计年鉴类。包括《中国县域统计年鉴（县市卷）》（2014~2018年）、《中国县域统计年鉴》（2004~2013年）和《中国区域经济统计年鉴》（2004~2014年）。②省级统计年鉴类。包括中国22个省、4个自治区和1个直辖市的统计年鉴（2004~2018年）。③部分市级统计年鉴类。包括294个市、7个地区、30个自治州和3个盟的市级统计年鉴（2004~2018年）（对市级统计年鉴查找搜集数据前提是在区域统计年鉴及省级统计年鉴查找不到的县域的数据，查找范围并不包括全部市级单位）。④部分县级政府及统计局网站。部分县的相关数据通过县级统计局网站的《国民经济和社会发展统计公报》（2003~2017年）中查找获得。

由于考虑统计口径的一致性和样本数据的可获得性，本书数据选取2003~2017年中国1743个县域的数据，时间跨度为15年，总样本量为26145组。至于选择2003年作为研究起点的原因为：本书研究的是农业结构，这就涉及农林牧渔业的分类产值，其中2003年起开始执行新国民经济行业分类标准，农林牧渔服务业产值从2003年开始归入农林牧渔业总产值中，因此起点选择2003年。

第四节 分析框架、内容结构及技术路线

一、分析框架

本书重点讨论的问题是农业结构升级是否能促进农业全要素生产率的

提升。林毅夫在新结构经济学中的观点认为产业结构的切入点是要素禀赋，一个经济体在每个时点上的产业结构内生于该经济体在该时点给定的要素禀赋结构（林毅夫，2017）；同样农业要素禀赋是分析中国农业结构问题的逻辑起点（魏金义和祁春节，2015）。要研究农业结构升级问题，需要从农业要素禀赋出发，因此，地区的农业要素禀赋是影响农业结构的关键因素。结合我国现实国情，“人多地少”是我国农业要素禀赋的基本状况，同时，在耕地面积减少、农村青壮年劳动力持续流失和农业资本快速增加的现实趋势下，农业的要素禀赋结构正在发生着质的变化，而要素禀赋变化是否会带来农业结构的优化升级，即确定农业结构升级的关键因素成为下一步如何提升农业全要素生产率的关键步骤，因此，需要研究要素禀赋变化对农业结构升级的影响。

本书研究要素禀赋、农业结构升级与农业全要素生产率的关系，而县域经济以农业和农村经济为主体，主要产业是农业，且县域是解决“三农”问题新的切入点，以县域数据来研究本书的问题有增加样本量、相对更具体且更具代表性的优点，因此以县域作为研究对象很有必要。

本书针对所提出的问题及具体的研究目标，设计的分析框架，如图 1-1 所示。

首先，从要素替代方面分析农业要素禀赋结构发生变化的原因，由于要素供给弹性的差异，当要素需求增加时要素价格上升，形成要素之间的流动与替代，进而农业要素禀赋发生改变；随着要素由低生产率部门向高生产率部门流动，若农业要素禀赋与技术进步偏向相匹配时，可以促进农业结构升级。其次，通过新古典经济增长理论构建农业三要素部门投入产出模型，分析得出农业全要素生产率增长率和农业不同部门全要素生产率的增长率的加权平均值之间的差就是农业结构变迁效应，农业结构升级通过要素的重新配置、专业分工及产业技术溢出等方面来提升农业全要素生产率，同时随着劳均耕地和资本的增加，农业结构升级对农业全要素生产率的提升作用逐渐增强；农业全要素生产率提升后带来了农业经济的增长效应和收入效应，主要表现在促进农业经济的效率与质量型增长、缩小了城乡收入差距等方面。再次，基于县域农业面板数据对此假说进行验证，给出数理及经验两个方面的证据。最后，本书将根据研究假说的检验结果，从要素禀赋促进农业结构升级进而推动农业全要素生产率提升等方面给出启示建议。

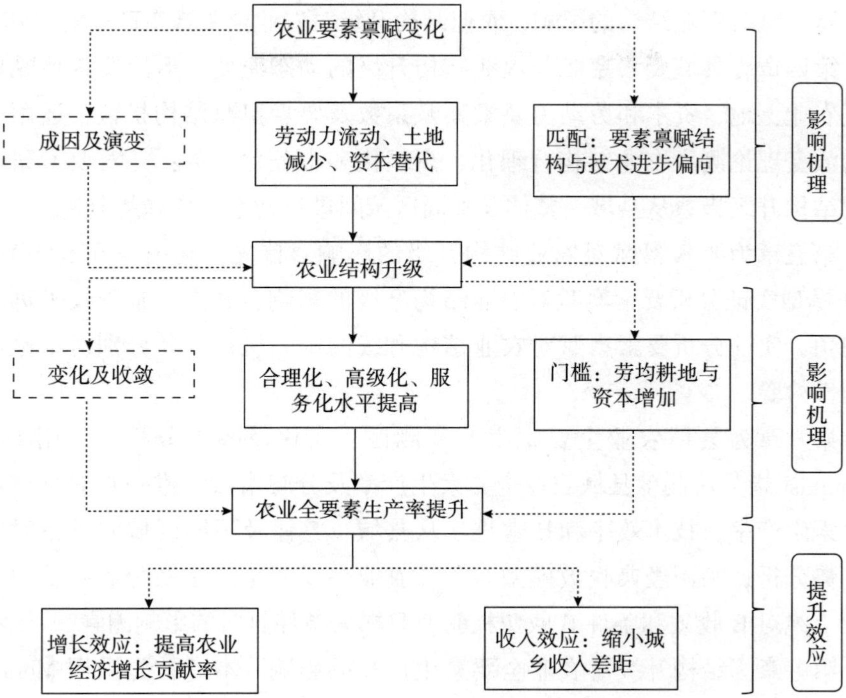

图 1-1　理论框架

二、内容结构

本书共分为九章，具体章节安排如下：

第一章为绪论。主要介绍本书的研究背景与意义、研究目标与内容、研究方法及创新点与不足等。

第二章为理论基础与文献综述。首先介绍了研究所用到的理论，包括要素禀赋理论、要素稀缺诱致性技术进步理论、产业结构演变理论和新古典经济增长理论；其次从要素禀赋与产业（农业）结构升级的研究、产业（农业）结构变迁与升级、农业全要素生产率提升、产业（农业）结构与全要素生产率的相关研究四个方面对已有文献进行整理和评述。

第三章为理论分析与数理模型构建。运用新结构经济学相关理论，构建理论框架，从理论上分析要素禀赋变化对农业结构升级的影响及影响机理、农业结构升级对农业全要素生产率的影响及作用路径；构建数理模型理论推导要素禀赋对农业结构的影响、农业结构升级对农业全要素生产率的影响。

第四章为县域要素禀赋与农业结构升级的动态演变。运用要素禀赋理论测度农业土地、资本和劳动力要素禀赋系数及要素禀赋结构指数，运用产业结构演变理论测度农业结构合理化、高级化和服务化指数；并对要素禀赋和农业结构升级指数从县域、整体及不同区域间进行动态演变趋势分析。

第五章为要素禀赋对农业结构升级的影响。首先，利用空间 SARAR 和 SEM 模型实证分析要素禀赋对农业结构升级的影响；其次，基于技术进步偏向视角，实证分析要素禀赋对农业结构升级的影响机理，并分别对结论进行稳健性检验。

第六章为县域农业全要素生产率测度、变化及收敛分析。采用 DEA-Malmquist 指数法测度县域农业全要素生产率及分解指数，进一步对县域农业全要素生产率、技术效率和技术进步从县域、整体及不同区域间进行时空演变趋势分析；利用经典收敛模型对县域农业全要素生产率及分解指数进行 δ 收敛、绝对 β 收敛和条件 β 收敛检验，且探索条件收敛的影响因素。

第七章为结构升级对农业全要素生产率的影响。本章首先采用 Moran's I 指数检验县域农业全要素生产率、技术效率和技术进步的空间溢出效应；其次利用空间 SARAR 和 SDM 模型实证分析农业结构升级对农业全要素生产率及分解指数的影响及作用路径；再次利用门槛回归模型实证检验农业结构升级对农业全要素生产率、技术效率和技术进步的非线性关系及作用路径；最后通过更换核心解释变量、空间权重矩阵和计量模型的方式来检验研究结论的稳健性。

第八章为农业全要素生产率提升的效应分析。首先，运用增长速度模型测度农业全要素生产率对农业经济增长的贡献率，进而揭示其影响因素；其次，在分析县域城乡收入差距变化趋势的基础上，实证验证农业全要素生产率对城乡收入差距的影响效应，并分别对结果进行稳健性检验。

第九章为结论及政策建议。主要对研究结论进行梳理总结，并基于研究结论提出针对性的政策建议。

三、技术路线

本书的技术路线如图 1-2 所示。

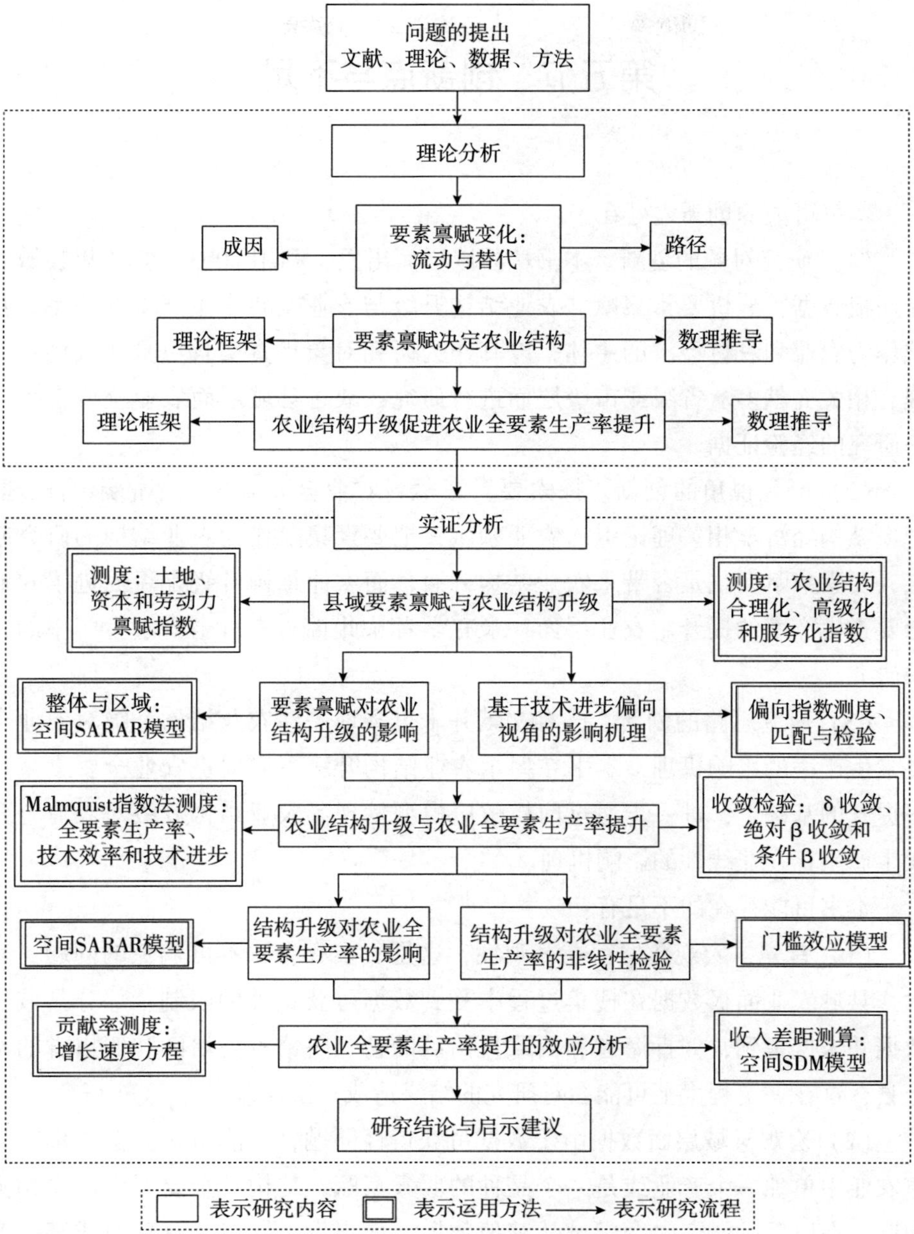
问题的提出
文献、理论、数据、方法
理论分析
成因
要素禀赋变化：流动与替代
路径
理论框架
要素禀赋决定农业结构
数理推导
理论框架
农业结构升级促进农业全要素生产率提升
数理推导
实证分析
测度：土地、资本和劳动力禀赋指数
县域要素禀赋与农业结构升级
测度：农业结构合理化、高级化和服务化指数
整体与区域：空间SARAR模型
要素禀赋对农业结构升级的影响
基于技术进步偏向视角的影响机理
偏向指数测度、匹配与检验
Malmquist指数法测度：全要素生产率、技术效率和技术进步
农业结构升级与农业全要素生产率提升
收敛检验：δ收敛、绝对β收敛和条件β收敛
空间SARAR模型
结构升级对农业全要素生产率的影响
结构升级对农业全要素生产率的非线性检验
门槛效应模型
贡献率测度：增长速度方程
农业全要素生产率提升的效应分析
收入差距测算：空间SDM模型
研究结论与启示建议
表示研究内容
表示运用方法
表示研究流程

图 1-2 本书的技术路线

第五节　创新点与不足

本书可能的创新之处在于：

（1）研究对象的创新。本书从县域层面出发，利用2003~2017年县域农业面板数据，分析要素禀赋、农业结构升级与农业全要素生产率的关系，县域作为农业和农村经济的主体，以其作为研究对象更真实且更具代表性；而现有相关文献多从省级或市级层面进行研究，缺乏县域层面农业全要素生产率研究的经验证据。

（2）研究视角的创新。探索要素禀赋对农业全要素生产率的影响机理，把新结构经济学相关理论引入农业领域，把要素禀赋作为农业结构的研究起点，要素禀赋变化是否带来农业结构升级，而农业结构升级是否促进了农业全要素生产率的提升。农业层面，未有学者从此视角进行全要素生产率的相关研究。

（3）研究思路的创新。已有文献并未过多地关注农业结构升级对农业全要素生产率的影响机理，本书在揭示农业结构升级可以促进农业全要素生产率提升的基础上，进一步通过门槛效应模型发现了农业结构升级对农业全要素生产率存在非线性的影响机理。

本书可能存在的不足有：

（1）首先，宏观数据存在客观性，这是真实存在、不可避免的问题；其次，县域农业面板数据在搜集过程中受到数据可获得性的限制，部分县域的数据并未搜集到，如青海省和西藏自治区的县、内蒙古自治区和四川省的部分县，这在一定程度上可能会对研究的结果造成一定误差。

（2）宏观县域层面数据由于数据可获得性问题，不能量化更多指标来研究农业中单独一个产业或是一个品种的要素禀赋、结构及全要素生产率相关问题，在以后的研究中会尝试从其他数据层面出发，针对某一环节或某一产业进行更细致具体的研究。

| 第二章 |

理论基础与文献综述

本章首先对要素禀赋理论、要素稀缺诱致性技术进步理论、产业结构演变理论和新古典经济增长理论进行总结；其次梳理了要素禀赋与产业（农业）结构、产业（农业）结构变迁与升级、农业全要素生产率提升、产业（农业）结构与全要素生产率的相关文献，进一步对已有相关文献进行评述，根据已有文献结论差异及研究不足，从两个方面对相关文献进行补充。

第一节　理论基础

一、要素禀赋理论

瑞典经济学家赫克歇尔（Eli F. Heckscher）在1919年最早提出了要素禀赋理论，后经其学生俄林（Berti Ohlin）系统的整理而形成了较为完整的理论，因此该理论又被称为H-O理论。要素禀赋理论最早是伴随着新古典比较优势理论产生的，首次出现在国际贸易领域中，最初的目的是解释两个经济主体间开展贸易的原因以及贸易双方为什么会具有各自的比较优势。基本分析思路是：由于地区要素禀赋的差异造成了在技术水平相同条件下不同经济体间产出的差异，产出上的差异带来商品供给能力的差异，进而使得两个经济体间的商品价格不同，从而可以分析出不同经济体间进行贸易的可能性。

上面是从产出角度分析，也可从成本的角度去考虑，地区要素禀赋的差异导致了要素相对价格的不同，进而导致产品的生产成本不同，使得两个经济体间相同商品的价格产生差异，同样不同经济体间的贸易随之出现。从产出和成本角度都可以解释贸易发生的根本原因是地区要素禀赋的差异。与李嘉图提出的比较优势理论基本观点不同，要素禀赋理论的前提是在两个经济体间劳动生产率和技术水平无差异的情况下，要素禀赋差异是进行贸易的根本原因。同时，如果贸易双方按照各自的要素禀赋状况进行生产，出口那些用本国丰裕要素生产的产品，进口那些本国要素较为稀缺的产品，这样对于贸易的双方而言都拥有各自的比较优势，此时贸易改善了双方的福利水平。

林毅夫对于要素禀赋理论在新结构经济学中提出了自己的新观点（林毅夫，2012）。新结构经济学认为，一个经济体在每个时点上的产业和技术结构内生于该经济体在该时点给定的要素禀赋结构，与产业、技术相适应的软硬基础设施也因此内生决定于该时点的要素禀赋结构（林毅夫，2012）。要素禀赋结构具有两个重要特性：一方面，尽管要素禀赋结构在每个时点上是给定的，但随着时间推移是可以变化的；另一方面，在某一时点上，要素禀赋结构决定了经济体在该时点上的可用生产要素数量和生产要素的相对价格，可以反映要素禀赋的相对丰裕程度。要素的相对价格决定了可选择技术和产业的要素生产成本；如果选择的技术和产业与要素禀赋的结构特性相适应，企业的要素生产成本就会降低，从而具有比较优势，因此，与要素禀赋结构所决定的比较优势相适应的产业结构就是该时点上的最优产业结构。经济学家在分析经济问题和解释经济现象时，最终还是落到收入效应和相对价格这两种效应上，而新结构经济学认为一个经济体在每个时点上的要素禀赋和结构同时决定了这个经济体的总预算和要素相对价格（林毅夫，2017）。遗憾的是，除了国际贸易理论中谈到要素禀赋结构，一般的经济分析通常忽略了要素禀赋结构的重要性。

二、要素稀缺诱致性技术进步理论

不同因素影响对技术进步具有诱导性，1932 年，希克斯在其《工资理论》中强调要素的相对稀缺诱导了技术进步，即要素的稀缺性是诱导技术进步的决定性因素。他认为技术创新是经济增长的重要推动力量；当技术创新带来国民收入的增加时，该技术创新会被推广采用，但技术创新未必会同比例地增加不同投入要素的边际产出，因此以此作为衡量标准分为：劳动节约型、资本节约型和中性技术进步，其中劳动节约型技术进步意味着多使用相对丰富的资本要素，以节约相对稀缺的劳动要素，进而提高资本要素的边际产出；而资本节约型技术进步则倾向于使用相对丰富的劳动要素，以达到节约相对稀缺资本要素的目的，进而提高劳动要素的边际产出；中性技术进步是资本和劳动要素相同数量的使用，进而同比例地增加两种要素的边际产出。

在农业经济领域，1970 年，日本农业经济学家速水佑次郎和美国经济学家拉坦在希克斯技术进步理论的基础上提出了农业要素稀缺性技术进步理论，他们强调了公共部门在农业技术进步中的重要作用，并根据农业要素的稀缺性把技术进步分为：①机械型农业技术进步。此类型技术进步是为了节约相对稀缺的劳动力要素，通过农业机械化的发展，提高劳动生产率，进而提高人均耕地面积和人均产量。②生物型农业技术进步。此类型技术进步可以节约相对稀缺且缺乏弹性的土地要素，通过土肥技术、植物保护技术、育种技术等生物化学技术的应用来提高土地生产率，进而提高农作物的单位面积产量，而土地生产率的提高是生物型技术进步的主要特征，是农业产出增长的主要来源之一。

三、产业结构演变理论

产业结构演变理论最早由英国著名经济学家威廉·配第于 1672 年提出，他认为各个经济体的产业结构发展阶段在收入水平上会存在差异，且第一产业、第二产业和第三产业从业人员的收入呈现依次上升的特点。之后，沿着威廉·配第的研究思路，柯林·克拉克在 1940 年发现分布在产业结构中的劳动力存在规律性的特征，他认为产业结构升级存在的前提是国民经济中居民收入的不断提高，以劳动力在产业间的分布为衡量指标，即随着国民收入的提高，由于各产业间的收入差异劳动力会由第一产业向第二产业转移，而劳动力收入进一步提高后，劳动力又由第二产业流向第三产业，因此，一个国家或地区当处于人均水平相对较低的阶段时，劳动力在第一产业中所占比例相对较高；反之，一个国家或地区当发展到人均水平相对较高的阶段时，劳动力要素在第二产业和第三产业所占比例相对较高。

在配第和克拉克相关研究的基础上，1966 年，美国著名经济学家西蒙·

库兹涅茨在其《现代经济增长》等著作中对产业结构的演变做了进一步的扩充与完善，他通过多个国家的研究，发现产业结构在演变过程中存在以下规律：当国家处在人均GDP较低的发展阶段时，随着时间的推移，农业占GDP的比重呈现逐渐下降的趋势，工业和服务业占GDP的比重则呈现不断上升的态势，但工业和服务业的内部结构的变动不大；当国家处在人均GDP较高的发展阶段时，随着时间的推移，农业、工业和服务业占GDP的比重变动逐渐趋于稳定，但此时工业和服务业的内部结构则会发生很大的变化，因此，人均收入的变化会影响产业结构，西蒙·库兹涅茨把这种理论称为"人均收入影响理论"。西蒙·库兹涅茨通过进一步研究发现：随着国民经济的不断发展，农业占GDP比重不断下降的同时，农业劳动力占全社会从业人员的比重也会出现逐渐下降趋势；工业产值的占比在不断上升的同时，工业中劳动力的占比却只有微弱的上升；服务业产值占GDP比重的上升幅度不大，但服务业的劳动力占比则一直呈上升态势。

四、新古典经济增长理论

新古典经济增长理论相对于古典经济增长理论的优势是强调了技术进步对一个国家长期保持经济持续增长的决定性作用。该理论的代表性人物是索洛（Solow，1956）和斯旺（Swan，1956）。索洛于1956年发表的《对经济增长理论的一个贡献》中提出了新古典增长理论的基本模型，标志着新古典经济学的诞生。

模型中应用了全要素生产率的分析方法，将决定经济增长的因素分解为劳动、资本和技术进步三个部分。索洛假设人均产出增长率是人均资本存量减函数的条件下，利用美国经济发展案例，证明了外生的技术进步才是影响经济增长的关键因素，该结论不同于此前强调资本累积是经济增长的关键因素的观点。索洛把生产函数的移动定义为技术进步，并将经济增长中资本和劳动要素所不能解释的部分解释为技术进步，这就是著名的"索洛余值"。

此后，"索洛余值"引起了许多研究者的关注，与之前的观点相似，认为技术进步是外生给定的，当这种外生的技术进步不变时，经济增长也将趋于停滞；只有当技术以一个固定的比例不断提高时，一个国家的经济才能在均衡的路径上保持增长，因此，索洛的经济增长理论又被称为"技术决定论"，该观点为新增长理论指明了研究方向；但是，从一定程度上看，索洛仅仅是提出技术进步是影响经济增长的重要因素，而对于技术进步本身没能给出较为合理的解释。

第二节 文献综述

随着经济发展进入新常态，产业结构升级与全要素生产率提升作为热点问题成为国内外学者的研究重点。国内外学者从各个方面进行了深入细致的研究，下面从要素禀赋与产业结构、产业结构与全要素生产率等方面进行文献梳理。

一、有关要素禀赋与产业（农业）结构的研究文献

学术界对于要素禀赋和产业结构关系的研究汗牛充栋，但大部分集中在国民经济整体层面。林毅夫（2011）在新结构经济学中提出了自己的观点，他认为经济结构内生是由地区的要素禀赋结构决定的；这是由于要素禀赋结构决定此时生产要素的相对价格，进而决定了产业所选择的技术及所需成本，当地区产业的技术与要素禀赋结构相适应时，产业生产成本就会降低，产品竞争力增加，产业结构进一步优化升级。

一些学者沿着林毅夫的思路对国民经济整体产业及三大产业进行了进一步的探讨研究。王勇和沈仲凯（2018）在新结构经济学的理论框架下，从要素禀赋视角分析了收入不平等与产业升级的关系，认为只有当要素禀赋结构达到一定标准后，产业结构的升级才会发生，而收入的不平等会阻碍产业结构的优化升级，并证明要素禀赋结构是产业升级的决定性因素；何喜军等（2016）构建区域要素禀赋与产业协同发展评价模型，研究表明：区域间协同对要素与制造业协同发展水平的提升作用显著，而技术和资本要素对于制造业发展的驱动效应较明显，各区域要素禀赋的差异造成了制造业发展要素驱动模式的多元化；苏杭和郑磊（2017）基于投入产出视角分别从产业层面和企业层面分析了要素投入对于制造业升级的作用，研究发现：产业结构升级

依赖于要素结构升级，对比资本要素投入和研发投入，劳动力要素投入是考察期内影响中国制造业内部升级的关键因素。由于技术选择及技术进步是要素有效配置的结果，因此有学者把技术选择理论及技术进步偏向理论引入要素禀赋和产业结构关系中，作为两者的传导机制。覃成林和李超（2012）基于地理加权回归模型考察了中国 286 个城市的现代产业发展格局，研究结果肯定了中国城市的要素禀赋结构基本上决定了其技术选择，通过技术选择进而对城市的现代产业的升级及绩效产生显著影响，但大多数城市选择了偏离比较优势的技术或产业发展政策；余泳泽和张先轸（2015）在要素禀赋与技术进步的分析框架基础上引入适宜性创新模式，研究表明：适宜性创新模式应与要素禀赋、制度环境与经济发展阶段相匹配，并当地区经济发展水平、要素禀赋水平以及制度环境达到一定水平后，采取以自主研发为主的内源式创新模式才能有利于提升该地区的技术进步水平。

在农业领域，对于要素禀赋和农业结构的研究凤毛麟角，已有文献也鲜有成系统及说服力的相关研究，但有学者对中国农业要素禀赋的变化趋势及时空异质性进行了分析。魏金义和祁春节（2015）构建了要素禀赋结构指数，对改革开放以来中国各省份及区域间农业要素禀赋结构的演变过程、空间自相关性及其异质性进行了分析，研究发现：中国整体农业各要素比重差异不大，其中农业资本要素份额略高，且波动最为明显，而土地要素结构比较稳定，西南地区部分省份的农业劳动力要素份额逐渐上升，农业资本和土地要素比重却有下降趋势；而东部地区的农业资本要素比重逐年大幅提升，农业劳动力和土地要素的份额呈现出下降趋势；罗浩轩（2017）扩展了要素禀赋结构指数，运用克鲁格曼“核心—边缘”理论，测度了中国各省资本深化系数、资源禀赋系数和要素结构指数，进一步分析发现：中国现阶段农业要素禀赋结构变迁由农业劳动力要素转移率、农业资本要素投入增长率和土地面积变化率共同决定，与其他两种要素速率相比，农业资本要素投入增长率的变化幅度尤为明显，尽管区域劳均农业增加值及农业劳均资本存量存在逐年上升的趋势，但却无法掩盖区域农业要素禀赋结构的固化现象。胡晨沛和李辉尚（2019）利用重心模型刻画了 1978~2015 年中国农业要素禀赋结构和农业经济重心的时空演变轨迹，研究表明：中国农业要素禀赋结构发生了明显的变化，农业劳动力要素重心出现了向西北方向移动的趋势，而农业资本要素重心在东西方向上表现出从西往东移动的态势，在南北方向上北移的趋势较为明显；农业劳均资本重心总体上呈现出向东北方向移动的逆 S 形特征规律；而农业劳动力重心的移动是引起农业经济重心在东西方向上移动的主要原因，农业资本重心的移动引起了农业经济重心在南北方向上的移动。

有学者集中研究了农业要素禀赋与农业全要素生产率的关系。尹朝静和付明辉（2018）基于要素配置视角，通过要素投入比例测度中国各省农业技术进步的要素配置偏向，进一步验证其对农业全要素生产率的提升作用，结果显示：省份均存在投入偏向型农业技术进步，且大多数省份的偏向型技术进步促进了农业全要素生产率的增长；付明辉和祁春节（2016）基于 28 个国家间的比较，分析了要素禀赋、技术进步偏向对农业全要素生产率的影响，结论与尹朝静等学者相似，但国家间比较发现：人少地多型国家农业技术进步的要素投入偏向较为稳定，而人多地少型国家的农业技术进步的要素投入偏向则变化较大。

二、有关产业（农业）结构变迁与升级的研究文献

许多学者把经济的快速增长归因于产业结构的变迁与升级（Sachs，1994；宋建和郑江淮，2017；杨占锋和段小梅，2019；汪伟等，2015），因此，学者开始探索促进产业结构变迁或升级的影响因素。Fan（2003）指出产业结构调整过程中跨地区、跨部门的劳动力流动是中国整体经济效率提高的重要源泉。严成樑等（2016）认为财政支出是影响产业结构变迁的关键因素，通过研究表明：财政支出是产业变迁的重要驱动力，其中农业和非农业部门的生产性财政支出及福利性财政支出可以提高农业和非农业部门的生产率，进而促进了农业部门劳动力要素流向非农业部门。姚战琪（2019）通过研究得出服务业对外开放可以促进产业结构升级，尤其对产业结构高级化的促进作用明显；服务业对外开放主要通过就业效应和资本效应对我国产业结构升级产生积极影响。有学者认为 FDI 在促进产业结构升级方面起关键作用，张林（2016）研究表明双向 FDI 对产业结构合理化和高级化均有显著的正向促进作用；李东坤（2016）实证得出 OFDI 可以提升产业结构合理化水平，且存在空间溢出效应，即可以促进邻接省份产业结构合理化水平的提升。孙学涛（2017）从技术进步偏向的角度分析了对产业结构的影响，认为中国县域技术进步整体偏向资本，并提高了县域产业结构的高级化和合理化水平。

随着经济发展进入新常态，许多学者更为关注产业结构变迁与升级带来的结果或后果。有学者研究了产业结构对生产率的影响，其中柯善咨和赵曜（2014）构建了城市规模、产业结构对城市生产率的影响机理，研究发现中国大部分地级市城市规模仍小于最优规模，而产业结构对城市生产率的促进作用需要一定城市门槛规模才能实现，城市规模扩大、产业结构转向服务业，进而城市生产率得到提高；杨天宇和姜秀芳（2015）从产业结构变迁造成的劳动力市场扭曲作为劳动生产率降低的机理进行了分析，研究认为第三产业劳动生产率的降低导致了我国劳动生产率增长的放缓，而随着劳动力市场扭曲的缓解和农业劳动生产率的快速增长，劳动生产率增长放缓现象会得到遏制。

在经济由高速发展向高质量发展的转变阶段，有学者把经济增长速度放缓的原因归结于结构性的减速。吕健（2012）考察了产业结构调整背景下1995~2011年中国整体及不同区域间经济增长速度与结构性因素之间的关系，发现经济整体上还处于“结构性加速阶段”，但东部地区已经出现“结构性减速”，中部地区则处于结构减速和加速并存的局面，西部地区仍处在“结构性加速阶段”。袁富华（2012）认为经济速度的放缓及生产率的减速是由于产业结构升级造成的，且产业结构趋向“服务化”是造成减速的主要因素。杨天宇和曹志楠（2015）则有不同的观点，认为第一、第二、第三产业全要素生产率对经济增长贡献率的同时下降，才是经济增长速度放缓的真正原因，而把中国经济增长速度放缓的原因归结为结构性减速是值得质疑的。

关于农业结构问题的研究，学者也做了一些探讨与分析。卢锦培和白婧（2017）分析了农业结构与经济增长的关系，研究表明中国进入中等收入阶段以来，第一产业部门劳动节约型技术进步有助于降低第一产业结构的比重，而农业结构比重的下降促进了经济的增长；随着人均收入水平的提高，农业结构比重的持续降低对经济增长的促进作用更为明显。匡远配和周凌（2016）构建了农业产业结构升级指标，分析了农地流转对农业结构升级的影响，发现农地流转可以显著促进农业产业结构的升级。赵晓锋和张永辉（2012）分析了农业结构调整对农户收入的影响，结果表明结构调整可以显著促进农户收入，其中粮食种植收入比重的增长由于附加值较低而减少了农民的收入，而工资性收入增加由于优化了劳动力要素配置而提高了农民的收入。

三、有关农业全要素生产率的研究文献

随着经济进入高质量发展阶段，农业同样也要遵循这一规律，即迈进农业高质量发展阶段，提质增效成为高质量发展的关键路径，因此，学者在农业全要素生产率的研究上投入了较多的精力，学者主要从农业全要素生产率的分解变化趋势及影响因素进行分析研究。李翔和杨柳（2018）分析了华东地区农业全要素生产率提升的变化趋势，发现 1978~2015 年华东地区农业全要素生产率依次呈现递减、递增、平稳阶段性的变化趋势；技术进步是农业全要素生产率提升的关键驱动力，而技术效率阻碍了农业全要素生产率的提升，且呈现逐年下降的趋势。吉小燕和周曙东（2016）分析了江苏省农业全要素生产率对农业经济增长的影响，发现江苏省农业全要素生产率呈现逐渐升高的趋势，农业技术进步是其主要增长来源，且技术效率对苏南、苏中和苏北地区的农业经济增长均有显著的促进作用，而技术进步仅对苏中和苏北有促进作用。李谷成和尹朝静（2015）认为农业基础设施是促进全要素生产率提升的关键因素，其中公路设施提升的正向影响最为显著。

有学者从气候变化方面分析了对全要素生产率的影响，如高鸣（2018）研究表明日照时数和降水量的增加有助于西部地区农业全要素生产率的提升，技术效率和技术进步的共同作用是全要素生产率提升的源泉动力；尹朝静和李谷成（2016）发现农业科研投入对农业全要素生产率提升有显著的促进作用，而年降水量对农业全要素生产率的提升没有显著影响。有的学者认为信息化是影响农业全要素生产率的关键因素（Dewan 和 Kraemer，1998；Shao 和 Lin，2001）。朱秋博和白军飞（2019）发现农业信息化水平的提高对农业全要素生产率有显著的促进作用，主要归因于其可以提高农业的技术效率，而由于农村人力资本的制约，农业信息化对技术进步的影响并不显著；韩海彬和张莉（2015）发现农业信息化对农业全要素生产率存在非线性的影响，随着农业人力资本的增加，信息化对农业全要素生产率的正向影响逐渐增强。陈启博（2014）认为农村金融发展是影响农业全要素生产率的主要因素，且对农业全要素生产率有显著的促进作用，并通过促进农业技术进步来实现，农业技术效率促进效应不显著。

在农业经济转型及环境资源约束增强的趋势下，有学者测度了包含环境

或资源因素的农业全要素生产率，并与传统全要素生产率进行了对比分析。吕娜和朱立志（2019）比较分析了中国农业环境技术效率与绿色全要素生产率的关系，发现东、西、中部地区环境技术效率呈现依次递减的趋势，而中国农业绿色全要素生产率年均增长9.5%，绿色技术进步是主要增长动力，而农业绿色技术效率贡献不足。潘丹和应瑞瑶（2013）测算了资源环境约束下中国省级农业全要素生产率及分解指数，发现资源环境约束下的农业全要素生产率指数明显低于传统农业全要素生产率指数，说明我国的农业生产是以资源消耗和生态环境破坏为代价的粗放型增长方式。

四、有关产业（农业）结构与全要素生产率的研究文献

在经济高质量发展背景下，梳理产业结构变迁与升级带来结果的研究，可以发现学者更多地关注到结构升级对全要素生产率的影响，且国内外学者对于产业结构对全要素生产率及经济增长影响的相关研究层出不穷，但主要集中在国民经济整体的产业结构方面。

产业结构调整升级是否对全要素生产率及经济有显著的提升作用并没有得到一致的结论，且地区间影响存在差异。有学者对产业结构的提升作用持肯定态度；Tanuwidjaja 和 Thangavelu（2007）分析了日本制造业的全要素生产率，研究发现产业结构的变化对提升制造业部门的全要素生产率的作用最为显著。王鹏和尤济红（2015）在估算中国三次产业的资本存量和劳动力质量的基础上，探讨了1978~2013年劳动和资本要素在三次产业结构调整中的配置效率，认为总体上资本和劳动要素仍具有显著的“结构红利”效应，而产业内部增长是全要素生产率提升的主要推动力。郑万吉和叶阿忠（2015）同样认为区域的产业结构升级能够促进地区的经济增长，但区域间会形成一定的挤出效应。

有学者对产业结构在全要素生产率上的提升作用持不同观点。Fagerberg（2000）研究了不同国家产业结构变化对制造业生产率的提升作用，研究认为产业结构调整并未从整体上促进全要素生产率的提升。干春晖等（2011）研究肯定了产业结构升级进程对经济增长的显著影响，但两者影响存在明显的阶段性特征，产业结构合理化与经济增长之间具有较强的稳定性，而高级化对经济增长的促进作用却表现出不确定性。而有学者认为产业结构对全要素

生产率的提升作用具有阶段性特征，且不同地区间差异明显。韩永辉等（2016）基于省级数据研究表明，中国产业结构合理化和高度化均促进了区域的经济增长，但产出弹性随产业结构调整、资本积累和劳动投入的增加呈现出倒U形的动态变化趋势。张蕊等（2019）分区域探讨了不同时期产业结构变迁与经济增长的关系，研究表明：中国整体上产业结构升级通过全要素生产率的提升可以促进经济的增长，但区域间存在差异，其中产业结构合理化能促进东、西部地区的经济增长，而产业结构高级化却对东、西部地区的经济增长起到了抑制作用。

中国经济增长正由高速增长阶段转向高质量增长阶段，同时产业结构也由结构性加速阶段转向结构性减速阶段，不少学者把产业结构的结构性减速归结于产业结构的服务化倾向或产业结构的高级化倾向，从而否定了产业结构高级化对全要素生产率的促进作用。于斌斌（2015）基于2003~2012年中国地级市数据，探索了产业结构和全要素生产率对经济增长的影响，实证结果显示：产业结构“服务化”倾向的高级化调整是导致中国经济发展进入结构性减速阶段的关键因素。余泳泽等（2016）认为中国三次产业结构升级对全要素生产率的提升作用明显，但生产性服务业发展对于全要素生产率的提升呈现负作用。也有学者对此观点持否定态度，张月友等（2018）认为中国经济增长减缓的原因在于结构性的失衡，但导致经济增长动力衰减的成因不在于服务业，而在工业，并通过实证研究证明产业结构的服务化趋向不但没有阻碍，反而显著促进了中国尤其是东部地区的全要素生产率的提升。

产业结构与全要素生产率的研究汗牛充栋，但农业结构与农业生产效率关系的研究却凤毛麟角，更多的研究主要从农业生产性服务业视角，分析其对农业生产效率的影响，并从宏观和微观层面分别展开研究。宏观层面，学者多针对农业整体生产效率，其研究结论存在差异，主要形成了相对的两个观点，大部分学者认为农业服务业会显著提高农业的生产效率；Alston等（2011）研究发现生产性服务业对于美国农业生产效率有显著的促进作用；朱明（2016）肯定了服务投入在农业劳动生产率中发挥的重要作用；郝爱民（2015）分析了农业生产性服务业对农业技术进步贡献的影响，同样证实中国农业生产性服务业对农业技术进步的农业增长贡献促进作用明显；魏修建等（2015）也发现发展农业生产性服务业有利于提升农业生产效率，尤其对于中西部地区的农业生产效率提升效果尤为明显；也有学者持不同观点，如杜江

(2015) 发现生产性服务投入占比的提升和生产性服务支出的连年增长，对农业全要素生产率的提升效果并不明显。微观层面，学者多针对农业生产性服务业的具体环节及农业或粮食生产中具体种植类型，不同农业生产性服务业环节在提升农业生产效率方面的研究结论同样存在差异；刘强等（2017）发现农业生产性服务业的产中及产后环节对于水稻节约成本、提高成本效率方面有显著作用，但农资供应服务等产前环节对水稻成本效率的提升作用不明显；同样，张忠军等（2015）证实生产环节外包有助于提高水稻生产率，而不同类型的生产环节外包对水稻生产率产生的影响存在明显差异；杨万江等 (2017) 也发现不同环节的生产性服务对不同规模农户技术效率的影响存在差异。

目前，有少数学者探讨农业生产性服务业对农业全要素生产率的影响。郝一帆等（2018）研究发现生产性服务业有利于提升农业全要素生产率，且主要通过推动技术进步来提升农业全要素生产率，而对农业技术效率产生了不同程度的抑制效果，对农业全要素生产率的影响具有显著的空间异质性；秦天等（2017）关注到农业生产性服务业对农业全要素生产率的非线性影响，认为农业生产性服务业对农业全要素生产率的影响存在以要素禀赋为门槛的非线性效应，随着农村人力资本水平的提高，农业生产性服务业对农业全要素生产率呈现先降后升的“U”形现象，且各地区农业生产性服务业对全要素生产率的影响效应存在差异。

第三节　文献评述

上述研究成果为本书提供了良好的研究基础，学者从各个方面的研究得出很多有建设性的结论和启示，但仍有一定的完善空间，如下：

(1) 现有研究缺乏从县域层面来分析要素禀赋和农业结构关系的文献，而县域是农业问题最好的出发点，省级或市级农业数据的加总会导致结果与现实情况的失真，且本书认为农业结构的特点与国民经济产业结构特点相似，首先，现代化的特征之一是农业在国民经济中的比重不断下降，种植业虽在农业中占比较高，但有逐年下降的趋势；其次，国民经济产业结构最终形态为服务业的高级化，第三产业在产业结构中占比不断增加，数据显示中国第三产业占 GDP 比重由 1998 年的 32.81%逐渐上升到 2017 年的 51.60%，同样农业领域未来趋势也是农业服务业的快速发展，这样才能提高要素替代的效率，促进农业高质量发展。根据 Hayami 和 Ruttan 的诱致性技术变迁理论，要素禀赋的变动会带来要素相对价格的变化，进而诱致要素之间的相互替代。

（2）已有文献并没有在农业层面探讨结构升级与全要素生产率的关系，且集中在农业服务业对农业生产效率影响的研究结论并不一致，究其缘由，笔者认为现有多数文献认为农业服务业与农业生产效率之间是简单的线性关系，忽视了农业服务业或对农业生产效率的影响可能会存在门槛效应而表现出非线性的影响关系，且现有文献从宏观层面忽视了农业结构变迁或升级对农业全要素生产率的影响。本书针对现有文献不足主要回答以下几个问题：要素禀赋是否是决定农业结构升级的关键因素？影响机理是什么？农业结构升级对农业全要素生产率是否存在非线性影响？影响路径是什么？

鉴于此，本书参考产业结构的量化方法，基于 2003~2017 年中国县域农业面板数据，首先，运用林毅夫的要素禀赋理论测度农业要素禀赋系数及结构指数，利用空间 SARAR 模型探索要素禀赋对农业结构升级的影响作用及影响机理；其次，运用 DEA-Malmquist 指数法测度农业全要素生产率，利用空间计量模型和门槛回归模型探讨农业结构对农业全要素生产率的影响机理与作用路径；最后，分析农业全要素生产率提升带来的作用效应，据此提出相应的启示建议。

| 第三章 |

理论分析与数理模型构建

本章首先构建理论框架，分析县域要素禀赋对农业结构升级的影响，进而通过数理模型推导要素禀赋对农业结构升级的影响机理；其次尝试从理论上揭示农业结构升级对农业全要素生产率的影响，进而构建农业部门三要素的投入产出模型，通过数理模型推导农业结构升级对农业全要素生产率的影响机理。

第一节　要素禀赋对农业结构升级的影响

一、理论分析

(1) 农业要素禀赋结构变化的成因。由于要素供给弹性的差异，当要素需求增加时要素的相对价格会变化，要素价格的改变是造成要素禀赋结构变化的原因，而要素间的替代是要素禀赋结构发生变化的前提条件；在土地要素稀缺性持续升高及农业劳动力不断转移的趋势下，资本要素对土地和劳动力要素的替代起到了重要作用，如农业机械化提高了劳动生产率、化肥农药投入提高了土地生产率。对于要素的流动性，郝大江（2009）将要素分为区域性要素和非区域性要素，区域性要素的特征是非流动性、不可复制性和不可替代性；非区域性要素是可流动的要素，它可以沉淀到区域性要素中。土地由于受到地理属性的影响，属于典型的区域性要素，相对比而言，资本和劳动力要素一般情况下属于非区域性要素，但不排除户籍制度或其他制度政策的限制作用。

（2）要素禀赋对农业结构升级的影响路径。从国民经济层面来看，现代经济增长是建立在劳动生产率逐渐提升的基础上带来的收入水平的不断增长（林毅夫，2017）；而从农业层面看，资本和劳动力是农业生产最基本的投入要素，除了资本和劳动力要素外，土地要素也不容忽视；因此，农业的经济增长就是建立在劳动和土地生产率不断提升的基础上带来的农民收入水平的不断提高，因此，只要劳动和土地生产率得到提高，就可以带来农业产出的增长。

提高劳动和土地生产率主要有两种方式：产业升级和技术创新。一方面，产业升级的主要表现形式之一是服务业的发展和规模扩大，随着劳均土地和劳均资本的不断增加，需要农业服务业的协调配合才能使要素形成有效配置，规模经济不断增强；另一方面，农业科技不断创新，能生产更多的新产品也能催生更多的新产业，科技创新使这些新产业和新产品具有更高的附加值，劳动要素从附加值较低的产业流动到附加值较高的产业，促使劳动生产率和人均收入水平不断提高。纵观任何一个产业变迁，无论是从传统农业向现代农业迈进，还是从工业转型到高技术、高资本产业，都是伴随着技术创新和产业升级的过程（林毅夫，2017）。

要素禀赋对农业结构升级的影响主要表现在以下两个方面：一方面，虽然要素禀赋在某一个时点上是固定的，但随着时间推移会发生变化，就连区域性要素的土地也会随时间推移发生增减，因此，由于要素的流动性，要素禀赋结构的变化会带来要素的替代，要素往回报率高的地方流动，进而形成了土地和劳动力生产率的提高，提升了农业结构合理化和高级化水平，最后促进了农业结构优化升级；另一方面，在某一时点上，要素禀赋结构决定了农业在该时点的可用要素总数和要素的相对价格，即要素禀赋的相对丰裕程度，而要素的相对价格决定了技术和产业可选择的要素生产成本；若选择的技术和产业与要素禀赋的结构特性相适应，农业要素生产成本就会降低，形成比较优势，从而促进了农业结构升级。因此，用新结构经济学总结，与要素禀赋结构所决定的比较优势相适应的产业结构才是该时点上的最优产业结构（见图 3-1）。

（3）要素禀赋对农业结构升级的影响机理。农业技术进步偏向某种生产要素演进，促进要素间的不断替代，通过改变要素组合、配置和边际替代率，

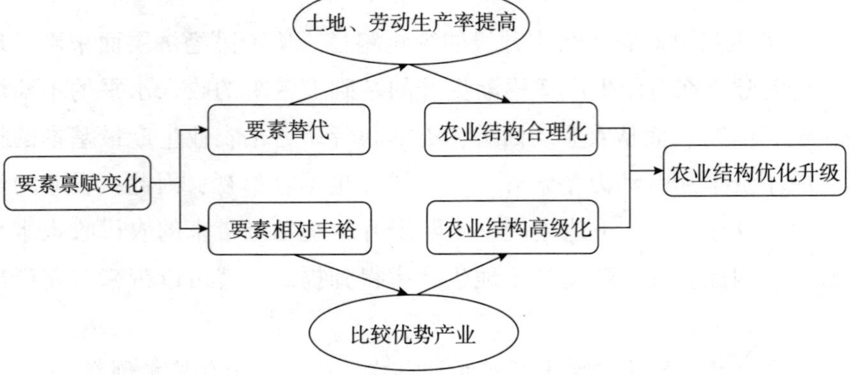

图 3-1　理论分析框架

从而促进农业结构发生变化（付明辉和祁春节，2016）。当地区的要素禀赋与技术进步偏向相匹配时，要素配置获得优化，将会促进农业结构优化升级；反之则会阻碍农业结构的升级。

技术进步导致资本劳动边际产出比上升，则为资本偏向型技术进步；反之为劳动偏向型技术进步。下面用图形分析要素投入比例变化与匹配的技术进步偏向类型，图 3-2 表示的是资本偏向型技术进步，图 3-3 表示的是劳动偏向型技术进步。

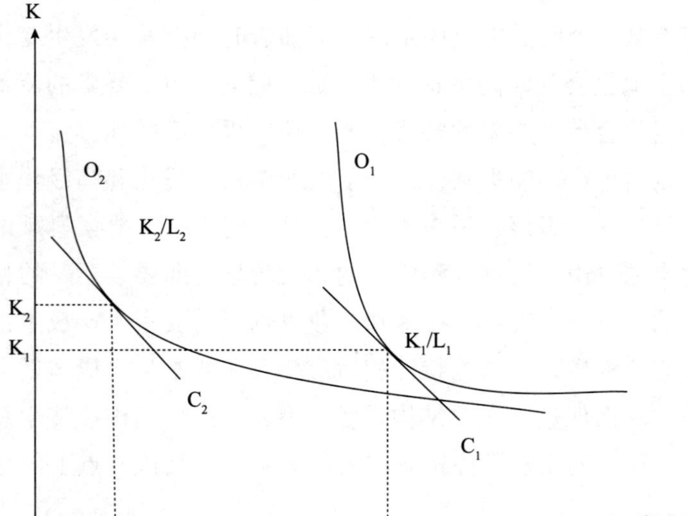

图 3-2　资本偏向型技术进步

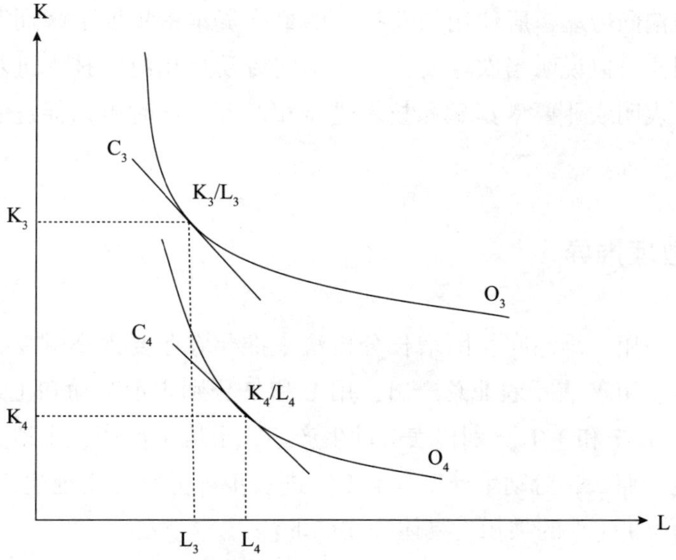

图 3-3 劳动偏向型技术进步

图 3-2 中 O_1 和 O_2 为等产量曲线，表示两种不同的技术，C_1 和 C_2 为等成本曲线；可以看出曲线 O_2 的边际技术替代率（斜率）均小于曲线 O_1，代表 O_2 用更少的要素投入生产了与 O_1 相同的产量水平，此时 O_2 更节约要素成本，与 O_1 相比这是一种技术进步，且当资本和劳动力要素边际产出比与边际技术替代率相等时表示实现了最优产出，在图 3-2 中表现为等产量线 O_2 和等成本线 C_2 的切点 K_2/L_2、等产量线 O_1 和等成本线 C_1 的切点 K_1/L_1，显然 $K_2/L_2>K_1/L_1$，即 O_2 的资本劳动边际产出比大于 O_1 的资本劳动边际产出比，此时 O_2 为资本偏向型技术进步，其所使用的新技术的最优资本密集度将更高；在农业领域中，说明当农业要素配置偏向资本且相应的技术进步也偏向资本时，代表要素禀赋和技术进步相匹配，反之亦然。

同理，图 3-3 中 O_3 和 O_4 为等产量曲线，表示两种不同的技术，C_3 和 C_4 为等成本曲线；可以看出曲线 O_4 比 O_3 离原点更近，说明在相同的产量水平下 O_4 比 O_3 的要素投入少，此时 O_4 与 O_3 相比是一种技术进步；同时 O_4 比 O_3 更陡峭，说明 O_4 的边际技术替代率（斜率）均大于曲线 O_3，且从微观经济学上可知等产量线 O_4 和等成本线 C_4 的切点 K_4/L_4、等产量线 O_3 和等成本线 C_3 的切点 K_3/L_3 分别代表了实现农业生产的最优产出，可以发现 $K_4/L_4<K_3/$

L_3，即 O_4 的资本劳动边际产出比要小于 O_3 的资本劳动边际产出比，此时 O_4 的技术进步偏向劳动，所使用的新技术的最优资本密集度下降而劳动密集度将提高；同样可以说明当农业要素配置偏向劳动且相应的技术进步也为劳动偏向型时，表明农业要素禀赋和技术进步相匹配，此时可以促进农业结构的优化升级。

二、数理推导

本部分采用二维空间相图增长分析法来推导农业要素禀赋变化与农业结构间的关系。用 Y 表示农业总产出，用 L 和 T 分别表示劳动和土地要素，则 Y/L、Y/T、L/T 和 T/L 分别代表劳动生产率、土地生产率、土地劳动集约率和劳均土地。那么，劳动生产率（Y/L）进一步可分解为土地生产率（Y/T）和劳均土地（T/L）的乘积，具体公式如下：

$$\frac{Y}{L}=\frac{Y}{T}\times\frac{T}{L} \tag{3-1}$$

可以把式（3-1）在二维图中展示出来，如图 3-4 所示，坐标中的横轴表示劳动生产率（Y/L），纵轴表示土地生产率（Y/T），45°虚线代表单位土地劳动比率线，沿着此线上升表示土地和劳动比不断上升。土地生产率和劳动生产率的比率在坐标轴上展示为 a、b、c 直线，而直线的斜率将代表形成农业结构升级的不同路径。具体斜率公式如下：

$$K=\frac{\left(\frac{Y}{T}\right)_2-\left(\frac{Y}{T}\right)_1}{\left(\frac{Y}{L}\right)_2-\left(\frac{Y}{L}\right)_1}=\frac{\Delta\left(\frac{Y}{T}\right)}{\Delta\left(\frac{Y}{L}\right)} \tag{3-2}$$

在图 3-4 中，参考全炯振（2010）、吴丽丽（2015）等的相关研究，通过斜率的含义可把农业结构升级的实现路径分为以下 3 种情况：①当 $K>1$ 时，表示农业结构升级是土地生产率提高的导向路径，即 a 直线，如通过增加化肥、农药等资本要素投入来提高土地的产出率、耕地的单位面积产量。②当 $K=1$ 时，表示农业结构升级通过土地和劳动生产率同时提高形成的导向路径，即 b 直线。③当 $K<1$ 时，表示农业结构升级通过劳动生产率提高形成的导向路径，即 c 直线，如通过农业机械化、农业科技或农业信息化等方式来提高劳动生产率以促进农业结构升级。另外，需要说明的一点是，推导模型中并

未添加农业资本要素，这是因为土地和劳动生产率的提高多数情况均是通过资本要素的替代来实现，如农业机械化、化肥和农药等生产要素的投入。

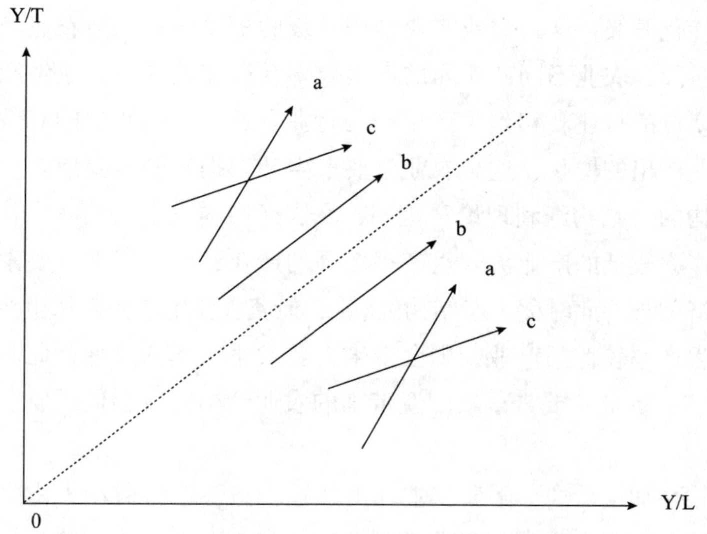

图 3-4 农业结构升级路径示意图

第二节 农业结构升级对农业全要素生产率的影响

一、理论分析

李平（2016）认为全要素生产率是指在资源要素投入一定的情况下，能够获得的最大产出的生产效率。假设投入要素只有一种，且产出也只有一种，投入—产出比就为生产率；从现实经济生产中的投入要素广义上看，主要为资本、劳动力和其他可观测的要素，这样来看，劳动和资本增长率成为测度生产率的关键指标，因此，劳动生产率与资本深化程度密切相关，资本深化能够提升劳动生产率。

（1）农业结构升级对农业全要素生产率的影响作用。第一，要素重新配置对农业全要素生产率配置效率的提升作用。在农业生产中，土地、资本和劳动力要素在农业不同产业间不断流动，进而不同要素间重新配置，从而引起产业间产出的变化和差异，若要素重新配置带来产出的增加，则会形成农业结构的优化升级，这是农业产业结构升级的重要途径。当农业经济处在不均衡增长阶段，农业不同产业间的产出效率会存在差异，农业生产中的要素会从生产率低的行业转移到生产率高的行业，从而形成要素的有效配置，进而促进农业产出的增长，这是农业全要素生产率提升的重要原因。从国民经济产业结构的"结构红利理论"理解，在农业结构发生变动时，若农业生产要素从生产率较低的产业流入生产率较高的产业，则会带来全要素生产率的提升和经济增长，此时称为"结构红利"；但若农业生产要素从生产率较高的产业流入生产率较低的产业，则会带来全要素生产率的降低，此时则会形成"结构负利"，因此，要素重新配置带来的农业结构升级会促进农业全要素生产率的提升。

在结构性加速阶段，随着工业化的快速推进，农村劳动力由生产率较低的农业部门向生产率较高的工业部门流动，带来产业结构的变迁；在结构性减速阶段，随着工业化向城市化阶段转型，农村劳动力要素由工业部门向劳动生产率增速较低的服务业部门转移，这时产业结构再次发生变化，经济增长速度放缓。随着农村劳动力要素的不断转移，劳动力要素价格上升（张志新，2019），农业生产需要逐渐偏向资本型，这样农业生产中资本要素逐渐增加，形成对劳动力要素缺少的替代，促进了生产要素的重新配置，从而带来农业结构的优化升级，进而促进农业全要素生产率的提升。

第二，农业结构服务化倾向对农业全要素生产率规模效率的提升作用。农业结构"服务化"倾向，即农业服务业通过专业分工来提升农业全要素生产率；农业服务业的产生是专业分工的结果，是中间投入服务从内部化向外部化及市场化分工演进的过程；随着农业技术进步和农业产业链的延伸，带来了农业的专业化分工，而专业化分工过程中就需要不同的要素配置及更专业的要素投入，由此催生了农业服务业的产生。农业服务业可以为农业生产者提供农资服务、金融服务、农业流通服务和技术推广培训服务等各类中间投入服务（李博伟等，2018），作为专业化的服务机构，将更多专业化的劳动和资本注入农业生产过程中；一方面，随着产业链的延长，市场逐渐扩大，使农户在农业生产中的交易风险和成本增加，而农业服务业的介入可使农业生产者更专注于自身的相对优势，其他环节让专业化的服务中介来完成，这既减少了生产中的交易成本，又增加了农户的生产收益，进而形成对农业全要素生产率的提升；另一方面，农业服务业与农户在农业生产中的合作促使其进行协调分工，这样一来两者充分利用各自的优势，来提高农业生产效率，提升了农业全要素生产率。

第三，产业技术溢出对农业全农业要素生产率的提升作用。农业结构升级会促进农业中高附加值和高技术的产业比重上升，这些产业通过技术的溢出效应及与其他产业的关联作用，促进其他产业技术效率的提升。农业中的技术密集型产业为了保持技术领先的状态和局势，会逐步投入大量的研发成本，进行下一步的农业科技的改良和创新，这样会促进农业的技术进步；而技术进步具有外部性特征，技术密集型企业与其他传统企业在技术和知识水平上存在差距，技术密集型企业取得技术创新和进步后，会通过技术平台、人员互动、产品流动、知识共享等方式将先进的知识和技术向传统产业传导，实现技术扩散；对传统企业而言，通过各种方式吸收、采用、利用先进的工艺技术和技术设备，既可以提升本产业的技术水平和生产效率，也有利于向新兴产业改造升级，从而促进农业产业结构的升级（见图 3-5）。

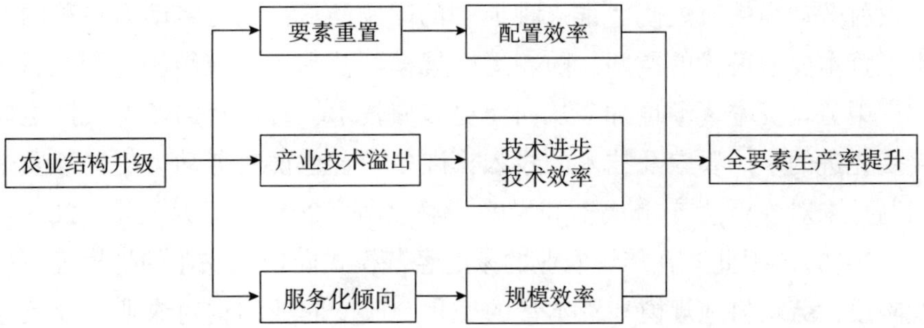

图 3-5 理论分析框架

（2）农业结构对农业全要素生产率门槛效应的影响机理。已有文献分析产业结构对全要素生产率影响得出的研究结论存在差异，以农业结构与农业全要素生产率的关系为例，这是由于两者关系可能还受地区要素禀赋的影响，土地、资本和劳动力要素的异质性可能会使农业结构对农业全要素生产率的影响存在方向或程度上的差异。因此，本书认为劳均耕地和劳均资本的差异是造成农业结构对农业全要素生产率存在非线性影响的主要原因，即存在门槛效应（见图 3-6）。

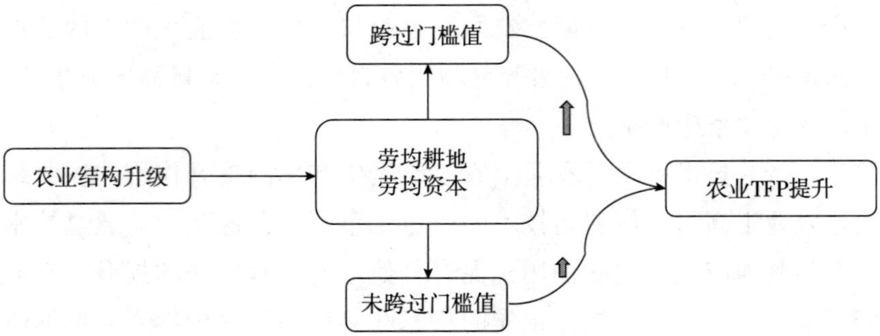

图 3-6　门槛效应框架

把劳均耕地与劳均资本作为门槛变量的缘由，可以从以下观点进行阐述：第一，我国人多地少形成的小规模经营限制了农业结构优化升级，尤其是农业服务业的发展，如种植规模的约束，在有限的土地上农业机械及灌溉技术等发挥的作用受限，造成了效率的下降，难以形成规模经济。第二，小规模经营的农户往往不以农业生产为主，容易造成经营效率不高且难以接受新的生产要素或技术的介入，进而约束了农业结构升级及农业服务业的发展。第三，农村劳动力的流失使“谁来种地”的问题凸显，同时劳动力转移的背景带来了资本要素替代的空间，随着适度规模经营和土地流转的顺利进行，农业生产中劳均资本逐渐增加，从而使更多懂技术、善经营的新型农民更倾向于接受先进的生产要素及技术的投入，许多学者也证实劳动力的转移及老龄化问题并未对农业生产造成不利影响（林坚等，2013；王翌秋等，2016；杨进等，2016）。因此，在传统农业的家庭经营模式向现代农业的规模经营模式转变阶段，劳均耕地规模和资本量的变化会改变农业结构对农业全要素生产率的影响程度，即当人均耕地面积或资本量低于某一特定值时，会限制农业结构对农业全要素生产率的提升作用，当跨过特定值后会提高其对农业全要素生产率的提升作用。

二、数理推导

在研究全要素生产率推导及测算的众多学者里，1987 年的诺贝尔经济学奖得主 Solow（索罗）提出的新古典增长模型（索罗模型）是全要素生产率的最初雏形。本部分利用具有希克斯技术中性和规模报酬不变的生产函数，作为农业部门产业结构对全要素生产率影响的基本公式，假设农业部门遵循三要素投入，即资本、劳动力和土地要素，具体的投入产出预算平衡公式如下：

$$Y_i = AF(K_i,\ L_i,\ T_t,\ t) \tag{3-3}$$

式（3-3）中，Y_i 表示在 t 时期的农业 i 部门产出，K_i 表示农业 i 部门在 t 时期的资本要素投入，L_i 表示农业 i 部门在 t 时期的劳动力要素投入，T_i 表示农业 i 部门在 t 时期的土地要素投入，A 表示农业部门在 t 时期的技术进步。

在式（3-3）的基础上求微分，两边比上 Y，公式可变换为：

$$\frac{\dot{Y}_i}{Y_i} = \frac{\partial Y_i}{\partial K_i}\frac{K_i}{Y_i}\frac{\dot{K}_i}{K_i} + \frac{\partial Y_i}{\partial L_i}\frac{L_i}{Y_i}\frac{\dot{L}_i}{L_i} + \frac{\partial Y_i}{\partial T_i}\frac{T_i}{Y_i}\frac{\dot{T}_i}{T_i} + \frac{\dot{A}_i}{A_i} \tag{3-4}$$

式（3-4）中，农业 i 部门的资本和劳动力要素产出弹性往往难以观测到，假设资本、劳动力和土地的边际产出等于其要素投入报酬，则公式如下：

$$\frac{\partial Y_i}{\partial K_i} = \frac{r_i}{p_i},\ \frac{\partial Y_i}{\partial L_i} = \frac{w_i}{p_i},\ \frac{\partial Y_i}{\partial T_i} = \frac{v_i}{p_i} \tag{3-5}$$

式（3-5）中，p_i 表示农业 i 部门产出的价格，r_i 表示农业 i 部门资本要素价格，w_i 表示农业 i 部门劳动力要素价格，v_i 表示农业 i 部门土地要素价格。

这样资本、劳动力和土地要素的产出弹性就转换为可观测到的要素收入份额，则公式如下：

$$S_i^K = \frac{r_i K_i}{p_i Y_i} = F(K_i)\frac{K_i}{Y_i},\ S_i^L = \frac{w_i L_i}{p_i Y_i} = F(L_i)\frac{L_i}{Y_i},\ S_i^T = \frac{v_i T_i}{p_i Y_i} = F(T_i)\frac{T_i}{Y_i} \tag{3-6}$$

式（3-6）中，S_i^K、S_i^L 和 S_i^T 分别表示资本、劳动力和土地要素的收入份额，且令 $G(Y_i)$、$G(K_i)$、$G(L_i)$、$G(T_i)$ 和 $G(A_i)$ 分别等于农业 i 部门产出、资本、劳动力、土地要素和全要素的生产率，则式（3-4）转变为：

$$G(Y_i) = S_i^K G(K_i) + S_i^L G(L_i) + S_i^T G(T_i) + G(A_i) \tag{3-7}$$

式（3-7）中，$G(A_i)$ 即为农业 i 部门的全要素生产率。农业经济处于非均衡的情况下，农业不同部门之间的要素边际生产率存在差异，形成要素在不同部门间的流动，而农业生产要素在不同部门之间的流动可以促进农业全要素生产率的提升，这就是产业结构变迁对提高要素配置效率、促进农业经济增长的作用原理。农业产出增长率除去要素投入增长率后可分解为两个部分：农业各部门的平均全要素生产率的增长率和农业结构变迁形成的增长率。

在得到了农业不同部门间的产出增长率的基础上，农业总产出的增长率用公式表示为：

$$G(Y) = \sum \rho_i G(Y_i) = \sum \rho_i S_i^K G(K_i) + \sum \rho_i S_i^L G(L_i) + \sum \rho_i S_i^T G(T_i) + \sum \rho_i G(A_i) \tag{3-8}$$

式（3-8）中，ρ_i 表示农业 i 产业部门产值在农业总产值中的所占份额，农业产业部门总全要素生产率的增长率和农业不同部门的全要素生产率的增长率的加权平均值之间的差就是农业结构变迁效应，农业结构总效应具体公式如下：

$$TSE = G(A) - \sum \rho_i G(A_i) = \sum \rho_i S_i^K G(k_i) + \sum \rho_i S_i^L G(l_i) + \sum \rho_i S_i^T G(t_i) \tag{3-9}$$

式（3-9）中，k_i、l_i 和 t_i 分别表示农业 i 产业部门的资本、劳动力和土地要素在农业资本、劳动力和土地要素投入总量中所占的份额。在式（3-9）的最右边含义为农业各产业部门的资本、劳动力和土地要素的结构变迁对农业全要素生产率的贡献，把式（3-6）代入式（3-9）进一步计算得到公式如下：

$$TSE = \frac{1}{Y}\sum K_i[F(K_i) - F(K)] + \frac{1}{Y}\sum L_i[F(L_i) - F(L)] + \frac{1}{Y}\sum T_i[F(T_i) - F(T)] \tag{3-10}$$

式（3-10）中，$F(K_i)$、$F(L_i)$ 和 $F(T_i)$ 分别表示农业 i 产业部门的资本、劳动力和土地要素的边际产出，公式进一步简化为：

$$TSE = A(F_K) + A(F_L) + A(F_T) \tag{3-11}$$

式（3-11）中，F_K、F_L 和 F_T 分别表示农业总资本、劳动力和土地要素的边际产出，则 $A(F_K)$、$A(F_L)$ 和 $A(F_T)$ 分别表示农业部门总资本、劳动力和土地要素引起的农业结构变迁效应，资本、劳动力和土地要素在农业不同部门间流动引起了农业全要素生产率的增长。式（3-11）的含义为：若 $F(K_i)>F(K)$、$F(L_i)>F(L)$ 或 $F(T_i)>F(T)$ 表明资本、劳动力和土地要素的边际报酬高于农业平均水平要素的边际报酬时，农业要素往要素效率较高的部门流动，形成该要素在农业产业中的份额增长加快，这时资本、劳动力或土地要素带来的农业结构变迁效应越大，进而提升了农业全要素生产率；反过来说，若 $F(K_i)<F(K)$、$F(L_i)<F(L)$ 和 $F(T_i)<F(T)$ 表明资本、劳动力和土地要素的边际报酬低于农业平均水平要素的边际报酬时，农业要素往要素效率较低的部门流动，形成该要素在农业产业中的份额增长加快，这时资本、劳动力或土地要素带来的农业结构变迁效应越大，此时降低了农业全要素生产率。

第三节 本章小结

本章是理论分析和数理模型构建部分，它是由前两章的逻辑分析部分的内容外化而成的。首先，运用新结构经济学的要素禀赋理论，构建理论框架，从理论上分析要素禀赋变化对农业结构升级的影响及影响机理、农业结构升级对全要素生产率的影响及作用路径；其次，通过构建数理模型，数理推导要素禀赋对农业结构的影响机理、农业结构升级对农业全要素生产率的影响方式。

| 第四章 |

县域要素禀赋与农业结构升级的动态演变

本章首先运用要素禀赋理论测度了县域农业要素禀赋，并分析县域、整体和不同区域要素禀赋时空变化趋势，总结其动态变化规律；其次利用产业结构理论测度了农业结构升级指数，具体包括农业结构合理化、高级化和服务化指数，并分析了县域、整体和不同区域的农业结构合理化、高级化和服务化指数的变化趋势，揭示其动态演变特征。

本章的结构安排如下：第一部分是测度方法与数据处理；第二部分是农业要素禀赋动态演变趋势分析；第三部分是农业结构升级动态演变趋势分析；第四部分是本章小结。

第一节　测度方法与数据处理

一、测度方法

（1）农业要素禀赋系数和禀赋结构指数的测度。本书借鉴魏金义（2015）和罗浩轩（2017）等对农业要素禀赋结构的量化标准，通过构建农业要素禀赋结构指数来分析中国县域农业要素禀赋结构的动态变化趋势，测度过程分为两步。

第一步，构建农业要素禀赋系数，具体公式如下：

$$T_i = \frac{t_i}{t} / \frac{y_i}{y} \tag{4-1}$$

$$K_i = \frac{k_i}{k} / \frac{y_i}{y} \tag{4-2}$$

$$L_i = \frac{l_i}{l} / \frac{y_i}{y} \tag{4-3}$$

式中，T_i、K_i、L_i 分别表示 i 县域的农业中的土地、资本和劳动力要素禀赋系数；t_i、k_i、l_i 分别表示 i 县域的耕地面积、农业资本、农业劳动力要素；t、k、l 分别表示全国的耕地面积、农业资本和农业劳动力要素；y_i 与 y 分别表示 i 县域的农林牧渔业总产值和全国的农林牧渔业总产值。

要素禀赋系数是用来衡量一个国家或地区某种资源丰裕度的指标，其值大于 1，表明该地区某一种生产要素与全国相比相对丰裕；其值大于 0 小于 1，表明该地区某一种生产要素与全国相比相对稀缺。该系数只能反映单一生产要素的相对丰裕度，不能反映不同要素禀赋之间的结构关系，因此需要进行下面的第二步。

第二步，利用上面构建的农业要素禀赋系数进一步构建农业要素禀赋结构指数。土地、资本和劳动力的要素禀赋结构指数的具体公式如下：

$$T = T_i / (T_i + K_i + L_i) \tag{4-4}$$

$$K = K_i / (T_i + K_i + L_i) \tag{4-5}$$

$$L = L_i / (T_i + K_i + L_i) \tag{4-6}$$

式中，T、K 和 L 分别表示农业中的土地、资本和劳动力的要素禀赋结构指数。其值范围为（0，1），指数越大表明该地区一种要素相对于其他两种要素所占份额越大，反之所占份额越小。

（2）农业结构升级的量化。对于农业结构的量化，本书参照国民经济中产业结构升级的量化方法，产业结构升级量化方法在学界有较权威统一的量化标准（干春晖等，2011；于斌斌，2015；李东坤和邓敏，2016；刘伟和张立元，2018），即把产业结构升级量化为产业结构合理化和高级化；由于本书的思想是强调农业服务业在农业结构中的重要性，即农业服务业水平提高是农业结构升级的表现之一，因此，为了更加直观地观察，除了农业结构高级化和合理化指标外，还加入了农业结构服务化指标作为反映农业服务业规模水平的变量，即用农林牧渔服务业产值占农林牧渔业总产值比重表示。

产业结构合理化反映的是产业间的聚合质量，不但可以反映产业之间的协调程度，而且可以反映资源的有效利用程度，即产业结构合理化是要素投入结构和产出结构耦合程度的一种衡量（干春晖等，2011）。用产业结构合理化方法来量化农业结构合理化，把农林牧渔业中的种植业看作第一产业，林牧渔业综合看作第二产业，农林牧渔服务业看作第三产业，具体公式如下：

$$his = \sum_{j=1}^{3} \left(\frac{Y_j}{Y}\right) \times \ln\left(\frac{Y_j}{L_j} \Big/ \frac{Y}{L}\right) \tag{4-7}$$

式（4-7）中，his 表示县域农业结构合理化指数，Y_j 和 L_j 分别表示该县域农业 j 产业的产值和从业人员数，Y 和 L 分别表示该县域的农林牧渔业总产值和农林牧渔业从业人员数。根据干春晖（2011）和于斌斌（2015）等的关于合理化指数的界定含义，农业结构合理化指数与农业结构合理化水平作用机理相反，即农业结构合理化指数越大，农业结构合理化水平越低，反之越高；当 his=0 时，农业经济体系处于均衡状态，合理化指数越大，农业生产发展越容易偏离均衡状态。

由于宏观数据中无法获得单独衡量种植业、林牧渔业及农林牧渔服务业方面的从业人员数，考虑数据的可得性和准确性，需要对农业各产业从业人员指标相关数据进行处理。借鉴马文杰（2010）、闵锐和李谷成（2012）、马林静等（2014）和尹朝静等（2016）在相关研究中采取的权重系数法，将广义农业中用于各产业的劳动力要素投入剥离出来，权重系数公式如下：

$$A = (a/b) \times (Y_j/Y) \tag{4-8}$$

式（4-8）中，A 代表县域农业各产业劳动力要素投入的权重系数；a 表示县域农作物播种面积，b 表示县域常用耕地面积，Y_j 表示县域农业 j 产业产值，Y 表示该县域农林牧渔业产值；县域农业各产业劳动力要素投入指标用县域每年的农林牧渔业从业人员乘以 A 权重系数得到。

用产业结构高级化方法来量化农业结构高级化，同样把农林牧渔业中的种植业看作第一产业，林牧渔业综合看作第二产业，农林牧渔服务业看作第三产业。具体公式如下：

$$gis = \frac{Y_{1t}}{Y} + 2\frac{Y_{2t}}{Y} + 3\frac{Y_{3t}}{Y} \tag{4-9}$$

式（4-9）中，gis 表示该县域的农业结构高级化指数，Y_{1t}、Y_{2t} 和 Y_{3t} 分别表示该县域在 t 年种植业、林牧渔业和农林牧渔服务业的产值。gis 值越大，表示该地区农业结构高级化水平越高，反之越低。

二、数据处理

关于农业要素禀赋结构指数的测度指标选取，本部分选用常用耕地面积、全社会固定资产投资中的第一产业投资和农林牧渔业从业人员的数据作为农业土地、资本和劳动力投入的衡量指标，采用农林牧渔业总产值作为农业产出的衡量指标。

特别说明第一产业投资数据的处理情况，资本要素的量化方法需要估算地区的资本存量，资本存量的估算方法文献中以永续盘存法较为权威，本书亦采用该方法，永续盘存法具体公式如下：

$$K_t=(1-\delta)K_{t-1}+\frac{I_t}{P_t} \tag{4-10}$$

式（4-10）中，K_t 和 K_{t-1} 分别表示当期和前一期的农业资本存量；I_t 表示地区当期的农业固定资产投资额，P_t 表示不变价格投资价格指数，δ 表示农业资本存量折旧率。这样就需要处理 3 个指标：第一，当期农业固定资产投资额；参考李谷成等（2014）、Feenstra R. C. 等（2015）和尹朝静等（2018）的相关研究，选用固定资产投资中的第一资产投资作为农业资产投资额。第二，资本存量折旧率；参考李谷成等（2014）和尹朝静等（2018）对农业资本存量折旧率的设定，将农业资本存量折旧率设定为 5.42%。第三，基期农业资本存量；把 2003 年第一产业投资额用农业生产资料价格指数进行平减，以此作为基期的农业资本存量。

第二节 农业要素禀赋动态演变趋势分析

一、农业要素禀赋系数动态演变趋势

把 2003~2017 年全国县域农业相关数据代入式（4-1）、式（4-2）和式（4-3），测算得到县域的农业要素禀赋系数。为了从整体上直观地观察农业要素禀赋系数的变化态势，对每年的县域农业要素禀赋系数取均值，来观测中国县域整体农业要素禀赋的动态变化。

表 4-1 显示了 2003~2017 年县域整体的农业要素禀赋系数，规律特征可从以下两个方面总结：

第一，横向比较来看，农业土地要素（T_i）和农业资本要素（K_i）在观测时间段内有逐渐升高的态势，其中农业土地要素的上升趋势较微弱，且系数值均在 1 以下；而农业资本要素系数有明显的升高趋势，每年的资本要素系数均在 1 以上，从 2003 年的 1. 2875 上升到 2017 年的 3. 7492，根据前文农业要素禀赋系数的含义，说明农业生产中资本要素的投入逐步增多，即资本要素的相对丰裕程度越来越高；相比农业土地和资本要素来看，农业劳动力要素系数在该时期内出现了明显的下降趋势，并在 2012 年首次降到 1 以下。土地要素变动微弱，而劳动力要素逐渐下降，资本要素快速提升，这样的规律也符合当前农业生产要素变动现状；农业劳动力的快速转移及土地流转的有序进行，使得农村劳动力成本不断上升，导致农业劳动力要素系数逐渐下降，农业生产逐渐从劳动增强型向资本增强型转变，以粮食生产为例，粮食生产过程中农业机械使用率大幅增长，跨区作业和农业生产服务“外包”现象增多，农业资本深化的迹象明显，导致农业资本要素禀赋系数显著升高。

第二，纵向比较来看，农业资本、劳动力和土地要素禀赋系数呈现依次递减的规律，农业资本要素禀赋系数要远大于土地要素禀赋系数，说明农业生产中资本要素占主导地位，且未来趋势可能仍以资本要素投入为主，形成农业生产规模扩大，资本投入不断增加，农业服务业相互促进的发展局面。农业劳动力要素禀赋系数只在 2003 年略大于农业资本要素，随着农业劳动力要素下降而农业资本要素不断上升，农业资本要素对劳动力要素的替代作用明显，虽然随着工业化和城镇化的快速推进，非农用地快速增加，可能会对农业土地形成威胁，但从测度的土地要素禀赋系数变化来看，却没有明显的下降，这可能与国家一直强调的“十八亿亩红线不能破”的政策约束有关。

表 4-1　2003~2017 年中国县域农业要素禀赋系数

年份	T_i	K_i	L_i
2003	0. 2487	1. 2875	1. 3004
2004	0. 2367	1. 5093	1. 2283

续表

年份	T_i	K_i	L_i
2005	0. 2354	1. 5382	1. 2268
2006	0. 2370	1. 5523	1. 2104
2007	0. 2355	1. 5378	1. 1739
2008	0. 2368	1. 3026	1. 1300
2009	0. 2357	1. 3341	1. 1259
2010	0. 2357	2. 1209	1. 0955
2011	0. 2354	2. 2024	1. 0803
2012	0. 2388	2. 4274	1. 0753
2013	0. 2418	2. 6400	0. 9845
2014	0. 2747	2. 7610	1. 0230
2015	0. 2830	3. 1885	1. 0220
2016	0. 2830	3. 5092	0. 9932
2017	0. 2820	3. 7492	0. 9684

二、农业要素禀赋结构动态演变趋势

（1）县域整体要素禀赋结构动态演变趋势。测度县域农业要素禀赋结构指数来观察农业中土地、资本和劳动力要素之间的结构变动趋势。

从图 4-1 中可以看出，2003～2017 年中国县域整体农业要素禀赋结构指数有明显的规律特点：第一，农业劳动力和土地要素禀赋结构指数在观测时间段内有逐渐下降的态势，而农业资本要素禀赋结构指数却有快速升高的趋势，说明农业资本在要素禀赋结构中所占份额逐步提高。第二，劳动力和土地要素所占份额逐渐降低，土地要素禀赋结构指数与土地要素禀赋系数的变化趋势截然相反，在观测阶段土地要素在农业生产中的相对丰裕程度虽有轻微上升，但在要素禀赋所占份额却逐年轻微下降。第三，2003～2009 年中国县域整体农业各要素禀赋结构指数趋于稳定，变化不大，说明此阶段呈现农业要素禀赋结构固化的迹象，但从 2010 年开始，固化现象得到明显改善。

观察要素禀赋结构指数值可以发现在农业要素禀赋结构中仍是以农业资本和劳动力要素为主，以 2017 年为例，农业土地、资本和劳动力要素禀赋结

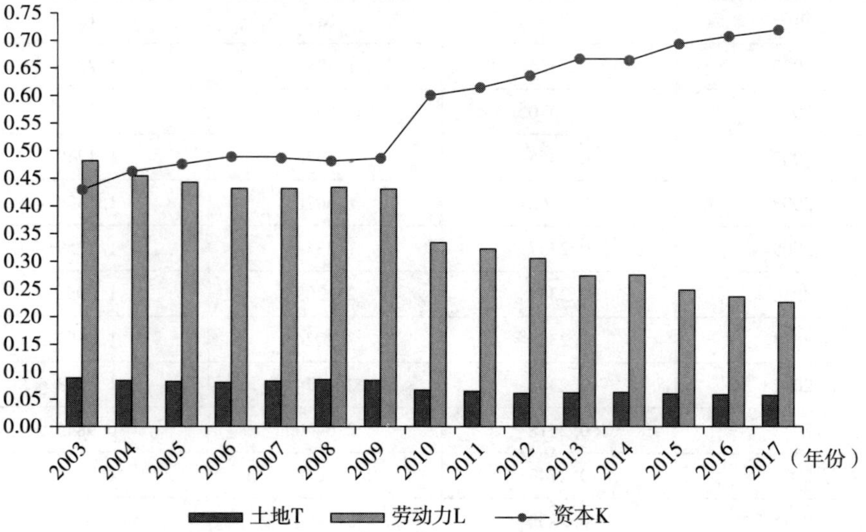

图 4-1　2003~2017 年县域农业要素禀赋结构指数

构指数分别为 0. 0567、0. 7175 和 0. 2258，资本和劳动力要素在要素禀赋结构中所占份额达到 0. 9433；而在 2003~2009 年，农业资本和劳动力要素之间所占份额差别不大，2009 年分别为 0. 4857 和 0. 4302，但在 2010~2017 年，农业资本和劳动力要素在要素禀赋结构中所占份额迅速拉大，2010 年资本要素比劳动力要素所占份额多出 0. 2914，到 2017 年，资本与劳动力要素所占份额之差达到 0. 4917，可以发现资本要素在要素禀赋结构中的贡献率逐渐凸显出来。

（2）不同区域间要素禀赋结构的动态演变趋势。为了观察不同区域间要素禀赋的变化情况，本书按经济发展水平把全国分为东、中、西三个区域，其中东部地区包括 8 个省份、420 个县域样本；中部地区包括 8 个省份、594 个县域样本；西部地区包括 10 个省份、729 个县域样本（见表 4-2）。

表 4-2　东、中、西部县域划分

区域类型	省份	县域数量
东部	辽宁、山东、河北、江苏、浙江、福建、广东、海南	420
中部	山西、黑龙江、吉林、安徽、江西、河南、湖北、湖南	594
西部	内蒙古、广西、陕西、甘肃、新疆、宁夏、四川、重庆、云南、贵州	729

按表 4-2 不同区域的分组，给东、中、西区域的农业土地（T_i）、资本（K_i）和劳动力（L_i）要素禀赋系数分别作图（见图 4-2）。

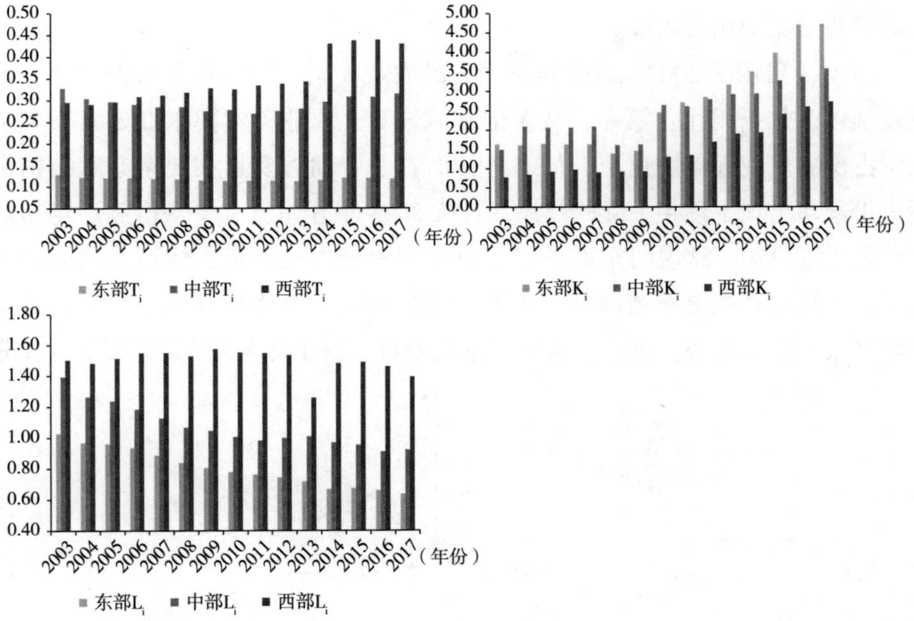

图 4-2　2003~2017 年东、中、西区域农业要素禀赋系数

通过观察 2003~2017 年东、中、西部县域的土地要素禀赋系数的变化，可以发现东部地区有轻微的下降趋势，可能的原因是东部地区经济发展程度高，城镇化推进速度较快，非农用地增加对农业土地资源形成挤压；中部地区呈现轻微先降后升的 U 形特征，可能原因是中部地区粮食主产区居多，对于土地的重视程度较高，土地要素变化程度不大，只有中间几年有轻微下降；而西部地区表现出明显的逐年上升态势，可能是由于西部地区人均耕地相对较多，土地要素相对丰裕。

通过观察 2003~2017 年东、中、西区域资本要素禀赋系数的变化，可以发现三个区域农业资本要素禀赋系数均呈现逐渐上升的趋势，其中东部地区上升幅度最大，中部地区其次，而西部地区上升幅度最小，到 2017 年，东、中、西区域资本要素禀赋系数分别上升到 4.7216、3.5767 和 2.7241。通过观测不同区域的农业劳动力要素禀赋系数变化情况，可以发现东部和中部地区农业劳动力要素禀赋系数呈现逐年下降的趋势，其中东部地区下降尤其明显，从 2003 年的 1.0272 下降到 2017 年的 0.6361，中部地区下降幅度其次；而西部地区农业劳动力要素禀赋系数较稳定，只在 2017 年有轻微下降，说明西部地区农业劳动力相对丰裕，原因可能是西部地区由于地理和环境等因素农业劳动力要素流动相对较慢。

图 4-3 展示了 2003~2017 年不同区域农业要素禀赋结构指数的变化，可以发现以下几点规律：第一，从东部县域来看，农业资本要素在要素禀赋结构所占份额呈现逐年快速上升的态势，而农业劳动力要素在要素禀赋结构中所占份额却出现了逐年下降的趋势，且从 2008 年开始资本要素份额逐年超过劳动力要素份额，这说明东部县域农业生产中资本要素正在快速替代劳动力要素；土地要素在要素禀赋结构中所占份额较低，每年均在 0.1 以下，且有逐渐轻微下降的趋势。第二，从中部县域来看，农业资本和劳动力要素所占份

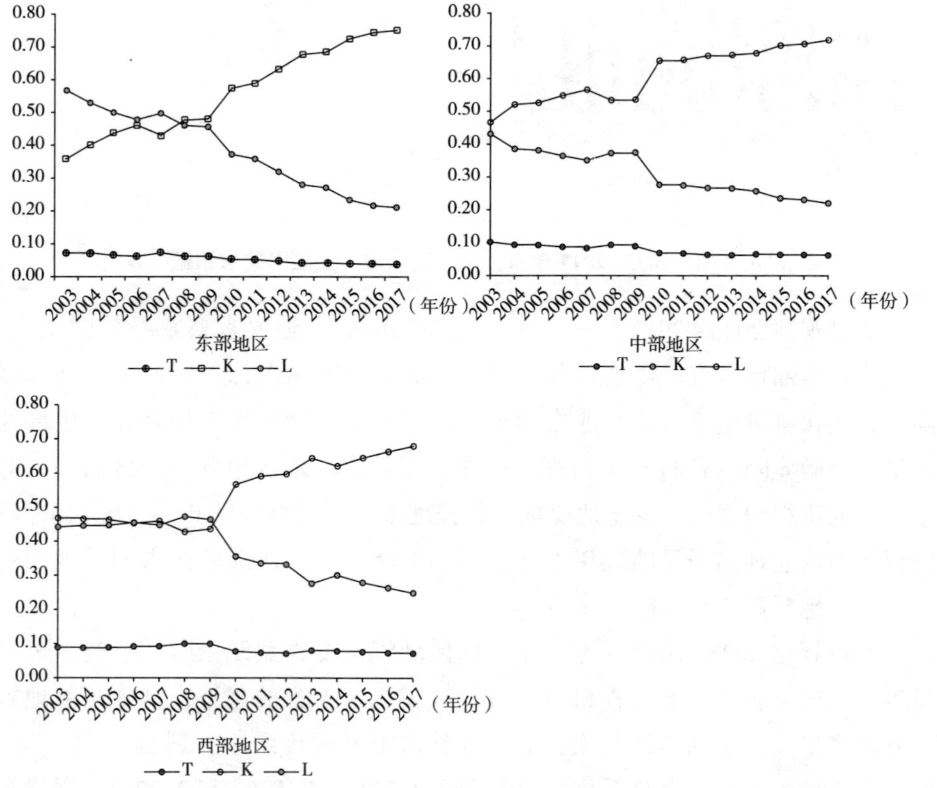

图 4-3　2003~2017 年东、中、西区域农业要素禀赋结构指数

额变化趋势与东部县域趋同，农业资本要素禀赋指数逐年上升而农业劳动力要素指数逐年下降，但与东部县域不同的是农业资本要素所占份额在2003~2017年始终高于农业劳动力要素所占份额；土地要素禀赋结构指数与东部变化趋势相同，均表现出逐渐下降的态势。第三，从西部县域来看，农业资本要素禀赋结构指数呈现波动中上升的态势，而农业劳动力要素指数呈现波动中下降的趋势，土地要素禀赋指数在观测时间段内变化趋于稳定，变动微弱；进一步观察发现2003~2009年该地区各要素禀赋结构指数趋于稳定，这说明西部地区在此阶段农业要素禀赋结构出现了固化的现象，从2010年开始固化现象有明显改善。第四，从不同区域间要素禀赋结构指数比较来看，中部县域土地要素所占份额要略大于东部和西部县域，而东部和中部县域资本和劳动力要素所占份额上升和下降幅度要大于西部县域，这说明东部和中部县域的资本替代劳动力要素的速度要快于西部县域。

第三节 农业结构升级动态演变趋势分析

一、县域整体农业结构升级动态演变趋势

把2003~2017年县域农业相关数据代入式（4-7）和式（4-9）测度农业结构合理化、高级化和服务化指数，进一步对指数取均值，观测中国县域整体农业结构升级的时间变化。

如图4-4所示，2003~2017年县域整体农业结构合理化指数呈现波动中下降的趋势，最高点出现在2005年，指数为0.1747，在2017年到达最低点，指数为0.1235，根据农业结构合理化含义可知，农业结构合理化水平和合理化指数作用机理相反，即农业结构合理化指数越大，农业结构合理化水平越低，县域整体农业结构合理化水平有提高的趋势，即2003~2017年农业各个产业间的协调程度和资源有效利用程度正在逐步提高，同理，农业要素投入结构和产出结构耦合程度有逐渐提高的趋势。2004年后农业结构合理化水平在绝大多数年份逐年升高，这可能是由于2004年后一系列支农惠农政策的提

出，使土地和劳动生产率得到迅速提高，同时农业劳动力逐年向城市转移，带来了资本要素对劳动和土地的有效替代，形成了要素配置的优化升级，进而带来了农业结构合理化水平的提高；尤其在2015年农业供给侧结构性改革提出后，农业结构合理化水平显著提高。

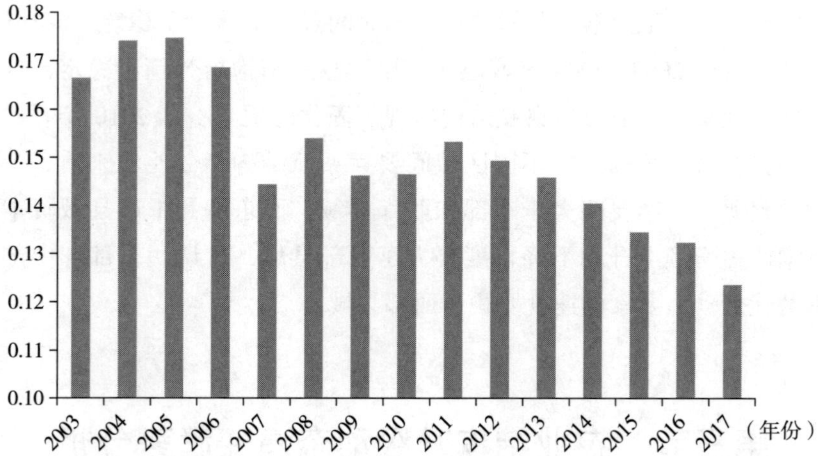

图4-4　2003~2017年县域农业结构合理化指数

如图4-5所示，观察2003~2017年中国县域农业结构高级化指数的变化可以发现，呈现先升后降再升的变化规律，其规律轨迹可以分为3个阶段：第一，2003~2008年，其呈现逐渐上升态势，说明此阶段县域整体农业结构高级化水平逐渐升高，并在2008年达到了考察期的最高点，为1.5333，可能的原因是政策的激励作用，引发了生产要素的重新配置，如土地流转政策及劳动力转移带来的劳动力和土地要素的结构变化，支农惠农政策的刺激带来了农业生产的资本要素的投入增加，进而要素的重新配置催生农业服务业的快速发展，从而促进了农业结构高级化水平。第二，2008~2015年，呈现逐渐下降的趋势，尤其在2015年高级化指数降到考察期的最低点，仅为1.4919，可能的原因是要素重新配置后带来了农业结构升级，但随着时间推移，形成了要素结构固化状态，农业要素流动缓慢，农业结构在此阶段并未朝着服务化的方向发展，造成该阶段中国县域整体的农业结构高级化水平呈现逐年降低的态势。第三，2015~2017年，呈现上升的趋势，说明在此阶段县域整体农业结构高级化水平快速提升，可能的原因是乡村振兴及供给侧改革实施带来的农业生产各方面的正向拉动效应，且从 2014 年开始国家连续发布关于加快农业服务业发展的政策文件，农业服务业规模的不断扩大，形成了规模效应，因此该阶段县域整体农业结构高级化水平出现了逐年快速升高的现象。

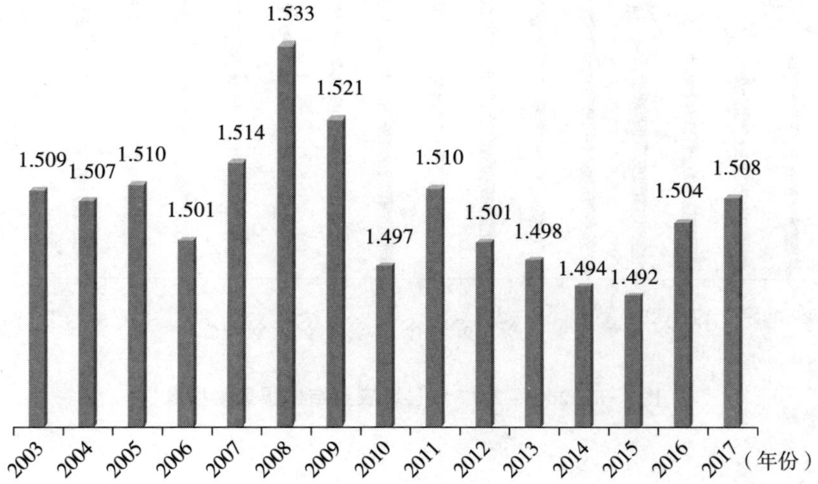

图 4-5　2003~2017 年县域农业结构高级化指数

如图 4-6 所示，2003~2017 年中国县域农业结构服务化指数呈现逐渐上升的趋势，说明观测时间段内县域农业服务业产值在农业产业的内部规模出现了不断扩大的态势。具体的变动规律可分为两个阶段：2003~2007 年，农业服务业占比从 2003 年的 2. 87%上升到 2007 年的 3. 90%，年均增长 0. 21%；2007~2017 年，此阶段农业服务业占比出现了轻微的 U 形规律，但总体还处于上升阶段，并在 2017 年达到最高点，2017 年我国农林牧渔服务业产值达到 5864. 4 亿元，农业服务业占比达到 4. 78%，比 2016 年增加了约 512. 4 亿元。

二、不同区域农业结构升级动态演变趋势

按东、中、西部县域的分组，下面分析不同区域县域农业结构合理化、高级化和服务化水平的变化趋势。

图 4-7 展示了东、中、西部县域农业结构合理化指数的差异与变化，可

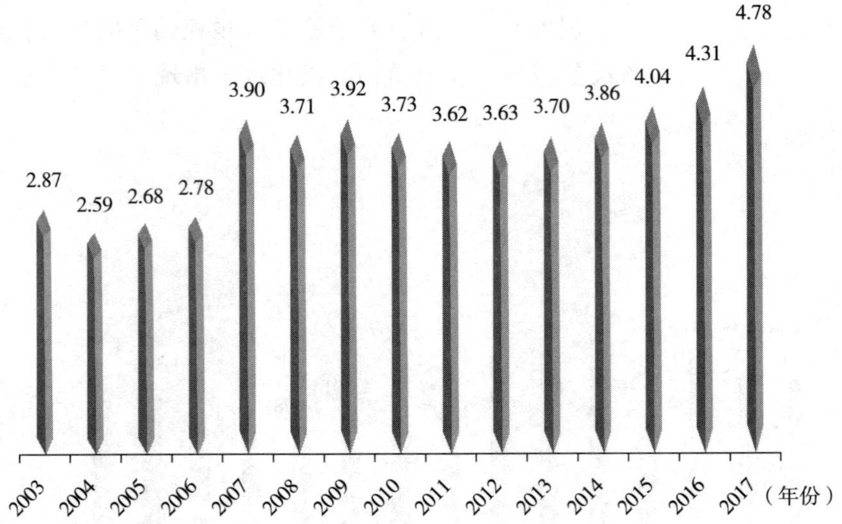

图 4-6　2003~2017 年县域农业结构服务化指数

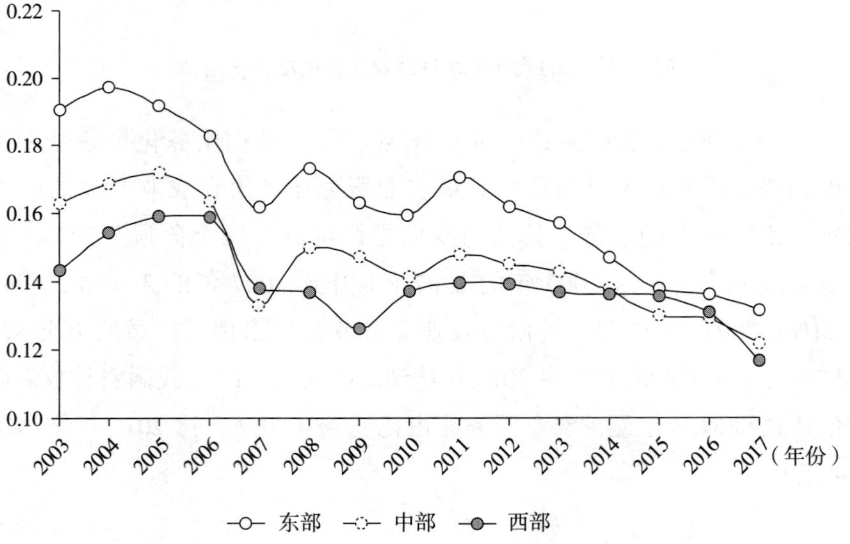

图 4-7　2003~2017 年不同区域农业结构合理化指数

以发现东、中、西区域农业结构合理化指数均呈现波动中下降的趋势，说明 2003~2017 年三个区域农业结构合理化水平出现逐渐升高的态势，其中东部县域和中部县域的变化趋势非常相似，但东、中、西区域农业结构合理化指数呈现依次递减规律，东部县域最高点出现在2004年，中部和西部县域最高点在2005年一同出现，指数分别为0.1973、0.1718和0.1589；三个区域的合理化指数最低点均在2017年出现，分别为0.1313、0.1216和0.1169。三个区域从2011年开始合理化指数变化趋势逐渐趋同，农业结构合理化水平在该阶段逐渐提高，至于原因和县域整体农业结构合理化水平提高的缘由相似。

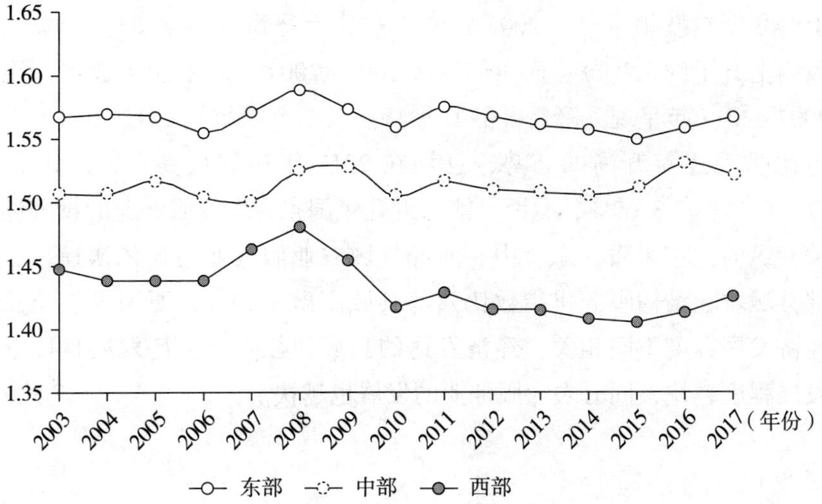

图4-8 2003~2017年不同区域农业结构高级化指数

图4-8显示了2003~2017年东、中、西部县域农业结构高级化指数的演变趋势，纵向对比来看，东、中、西部县域高级化指数依次递减，其中东部县域农业结构高级化水平最高，指数分布在1.55左右，这也与现实经济相符，因为东部地区普遍为经济发展程度高的省份，县域农业的经济发展水平也相对较高，非种植业及农业服务业的发展相对较快；而中部县域高级化水平其次，指数分布在1.51左右，且从2010~2016年有逐渐上升的态势，这可能是由于中部粮食主产区省份居多，耕地资源较丰富，如东北地区的吉林省和黑龙江省人均耕地面积相对丰富，农业生产中容易形成规模经营，这样更需要农业服务业的密切配合，因此可以促进农业结构往服务化的方向发展；西部地区由于经济发展水平较低的省份居多，农业生产的资源和要素优势不明显，导致农业结构高级化程度较低。横向对比来看，东部和中部县域农业

结构高级化时间变化趋势相似，其中东部县域高级化水平有缓慢上升的趋势，而中部县域在 2017 年农业结构高级化水平出现明显的下滑，而西部县域从 2008 年开始农业结构高级化水平有逐渐下降的趋势。

图 4-9 呈现了 2003~2017 年东、中、西部县域农业结构服务化的变化趋势，横向比较来看，东、中、西部县域农业服务业占比均呈现波动中上升的态势，其中东部和中部县域的上升态势基本一致，东部县域从 2003 年的 2.76%上升到 2017 年的 4.90%，15 年间上升了近 2.14%，中部县域同东部县域的上升程度旗鼓相当，从 2003 年的 2.69%上升到 2017 年的 4.74%，观察时间段内上升了约 2.05%；而西部县域 2003~2007 年农业服务业占比逐年升高，2007~2017 年呈现先降后升的 U 形特点，三个区域从 2012 年开始农业服务业占比呈现逐年升高的态势，且均在 2017 年达到最高点，占比分别为 4.90%、4.74%和 3.69%，原因可能与近几年国家在农业服务业的投入逐年增加有关。纵向比较来看，东、中、西部县域农业服务业占比依次递减，2017 年东部县域农业结构服务化指数比西部县域高出 1.21%，原因可能与三个区域的经济发展程度不同相关，经济发达的县域往往农业生产发展越接近市场化，发展程度越快，同时农业服务业的发展也越快。

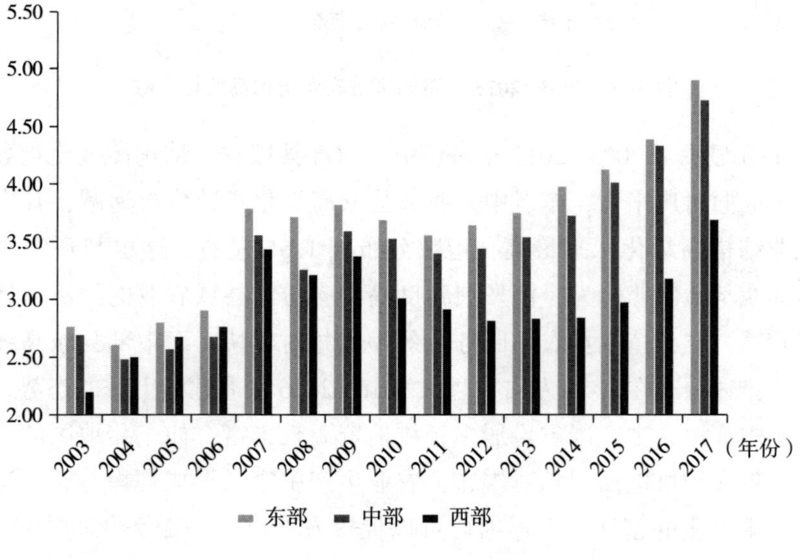

图 4-9　2003~2017 年不同区域农业结构服务化指数

第四节　本章小结

本章首先测度了县域农业土地、资本和劳动力要素禀赋系数、结构指数及农业结构的合理化、高级化和服务化指数；其次从县域、整体、不同区域间对要素禀赋和农业结构进行了动态演变趋势分析。有以下几点小结：

第一，2003~2017 年中国县域整体农业土地和资本要素禀赋系数有逐渐升高的态势，而劳动力要素禀赋系数则出现了明显的下降趋势，且农业资本、劳动力和土地要素禀赋系数呈依次递减的规律；农业劳动力和土地要素禀赋结构指数有逐渐下降的态势，而农业资本要素禀赋指数却有快速升高的趋势，且 2003~2009 年中国县域要素禀赋结构出现固化的迹象。

第二，2003~2017 年东、中、西部县域农业资本要素禀赋系数均呈现逐渐上升的趋势，其中东部县域上升幅度最大；而东、中部县域农业劳动力要素禀赋系数呈现逐年下降的趋势，其中东部县域下降尤其明显；东部县域土地要素禀赋系数有轻微的下降趋势，中部县域呈现轻微先降后升的 U 形特征，西部县域则表现出明显的逐年上升态势。

第三，2003~2017 年东、中、西部县域均出现资本对劳动力的逐渐替代，使得资本在要素禀赋结构所占份额逐年快速上升，而劳动力在要素禀赋结构中所占份额却逐年下降，东、中、西部县域土地要素在要素禀赋结构中所占份额均有缓慢下降趋势。

第四，2003~2017 年中国县域整体农业结构逐渐趋于合理化，而县域整体农业结构高级化水平在 2008~2015 年出现恶化情况之后得到缓解，同时农业结构服务化水平呈现逐年升高的态势。

| 第五章 |

要素禀赋对农业结构升级的影响

农业要素禀赋结构是分析中国农业结构问题的逻辑起点（魏金义和祁春节，2015），因此，针对“如何种地”“谁来种地”等问题，农业结构优化升级迫在眉睫；同时农业生产在土地、劳动力和资本要素不断变化的趋势下，必然会带来农业结构的变迁，而农业结构在变迁中如何转型升级对于农业全要素生产率的提高及农业经济的高质量发展的重要作用不言而喻。

本章的结构安排如下：第一部分是研究方法与变量设定；第二部分是空间相关检验；第三部分是县域整体与不同区域空间计量模型的实证结果分析；第四部分是基于技术进步偏向视角要素禀赋对农业结构升级的影响机理讨论；第五部分是本章小结。

第一节　研究方法与变量设定

一、研究方法

（1）空间 SARAR 模型。考虑到宏观经济变量间可能存在的空间相关关系，及空间距离会对区域农业结构升级产生影响（张浩然，2012），本部分将建立空间计量模型对相关假说进行验证。在具体模型选择方面，由于空间模型的空间滞后项和空间误差项可能会同时存在，因此本部分引入带空间自回归误差项的空间自回归模型（SARAR）进行分析（王振华等，2019）。空间 SARAR 模型具体形式为：

$$Y=\rho WY+X\beta+\mu,\ \mu=\lambda W\mu+\varepsilon \tag{5-1}$$

式（5-1）中，Y表示被解释变量，X为自变量，W为各种形式的空间权重矩阵，β为系数值，ε是随机扰动项，$\varepsilon \sim N(0,\ \sigma^2 I_n)$，λ是残差自回归系数，ρ是空间自回归系数。

（2）空间权重矩阵。本部分在空间计量模型中使用的权重矩阵是地理距离矩阵，即W，所构造的空间权重矩阵公式如下：

$$W(i,\ j)=\frac{1}{d(i,\ j)_m} \tag{5-2}$$

式（5-2）中，$d(i,j)_m$ 表示县域i与其最近的m个县域之间的距离，地理距离根据经纬度利用欧氏距离公式求得，欧拉距离公式具体如下：

$$d(i,\ j)=\left(\sum_{i=1}^{n}(x_i-y_i)^2\right)^{\frac{1}{2}} \tag{5-3}$$

稳健性检验中更换的空间权重矩阵为空间邻接权重矩阵，用 W_{ij} 表示，空间邻接权重矩阵还可分为空间一阶邻近矩阵和空间高阶邻近矩阵，本部分采用空间一阶邻近矩阵；当县域i和j具有共同的政区边界即相邻时为1，不相邻时为0。

（3）Moran's I指数法。在采用空间计量模型估计前，需要对数据的被解释变量进行空间相关关系检验，以此来判断地区间是否存在空间相关关系，检验数据空间相关关系的方法主要有Moran's I指数、Geary's C指数和Getis-Ord G指数；鉴于Moran's I指数检验在文献中采用较多也较权威，且主要针对全域进行空间相关关系分析，因此，采用此方法来进行空间相关关系检验。Moran's I指数具体表达式如下：

$$\text{Moran's I}=\frac{\sum_{i=1}^{n}\sum_{j=1}^{n}W_{ij}(Y_i-\bar{Y})(Y_j-\bar{Y})}{S^2\sum_{i=1}^{n}\sum_{j=1}^{n}W_{ij}} \tag{5-4}$$

$$S^2=\frac{1}{n}\sum_{i=1}^{n}(Y_i-\bar{Y}),\ \bar{Y}=\frac{1}{n}\sum_{i=1}^{n}Y_i \tag{5-5}$$

式（5-4）中，Y_i、Y_j 表示i和j县域地区的被解释变量（本书中有农业结构升级指数、农业全要素生产率及分解指数等），n表示每年观测的县域数量，W表示空间权重矩阵，在本书中Moran's I指数法检验采用的是二进制的空间邻接权重矩阵；若Moran's I指数通过显著性水平的检验，则认为县域间存在空间相关关系。

二、变量设定

（1）被解释变量。本部分把量化农业结构升级的变量均作为被解释变量，即被解释变量分别为农业结构合理化指数（his）、农业结构高级化指数（gis）和农业结构服务化指数（fis），其中由农业结构合理化指数的含义可知，农业结构合理化指数与农业结构合理化水平解释机理相反，因此在模型结果分析中农业结构合理化指数越高，代表农业结构合理化水平越低。

农业结构合理化和高级化指标参考产业结构的量化方法，按前文的测度方法获得，而农业结构服务化指标需要界定说明。农业服务业从功能性上可分为农业生产性服务业和生活性服务业，农业生产性服务是农业服务业的主要组成部分，指为农业生产提供的产前、产中、产后服务，如农技服务、农机服务、植保服务、市场和流通服务、农资配送服务、农业金融服务等。关于农业服务业的量化问题，现有宏观层面的文献主要对农业生产性服务业进行量化，主要用农村从业人员中的交通运输与邮电业、零售与批发业、金融业、信息传输计算机服务和软件业等从业人数占整个农业就业人数的比重作为农业生产性服务业的代理指标（郝爱民，2015；郝一帆，2018），但因为宏观层面暂无农业服务业各行业从业人员的统计，直接用乡村从业人员来量化，显然不准确，因此，本书借鉴郭庆海（2015）对于农业服务业的量化标准，用农林牧渔服务业产值占比作为量化标准，农林牧渔服务业产值包含了农业服务业的全部产值，因此界定为农业服务业。由于从 2003 年开始，农林牧渔服务业产值才归入农林牧渔业总产值，考虑数据的一致性及可获得性，把 2003~2017 年 1743 个县域的农林牧渔服务业产值占农林牧渔业总产值的比重作为农业结构服务化的量化标准，其中农业服务业的占比越高，代表农业服务业的规模越大。

（2）核心解释变量。通过梳理以往研究可知，影响农业结构的因素众多，考虑数据的可获得性并参考其他学者已有的研究成果，设定以下变量作为自变量。

本部分的核心解释变量为第四章测度的农业要素禀赋系数与结构指数，具体为县域农业土地（T_i）、资本（K_i）和劳动力（L_i）要素禀赋系数和县域农业土地（T）、资本（K）和劳动力（L）要素禀赋结构指数（被解释变量与核心解释变量描述性统计见表 5-1）。

表 5-1 被解释和核心解释变量描述性统计

类型	变量	变量名称	平均值	最大值	最小值	标准差
被解释变量	his	农业结构合理化指数	0. 1819	0. 7626	-0. 2783	0. 1158
	gis	农业结构高级化指数	1. 4559	2. 2193	0. 7205	0. 1860
	fis	农业结构服务化指数	3. 0823	18. 5061	0. 2080	2. 1514
核心解释变量	T_i	土地要素禀赋系数	1. 2639	4. 6524	0. 2215	0. 7304
	K_i	农业资本要素禀赋系数	0. 8589	6. 1524	0. 0300	0. 8004
	L_i	农业劳动力要素禀赋系数	1. 2179	3. 9906	0. 1366	0. 5682
	T	土地要素禀赋结构指数	0. 3795	0. 7316	0. 0921	0. 1122
	K	农业资本要素禀赋结构指数	0. 2370	0. 7465	0. 0130	0. 1321
	L	农业劳动力要素禀赋结构指数	0. 3835	0. 6716	0. 0605	0. 1057

资料来源：根据原始数据的整理和计算。

（3）其他解释变量。除了核心解释变量外，加入了以下控制变量。人均 GDP（PG）：人均 GDP 是衡量一个地区经济发展水平高低的重要指标，本部分人均 GDP 指标用县域人均生产总值来表示。农民人均纯收入（FM）：农民人均收入是衡量农民收入水平高低的关键指标，由于县域数据中 2015 年后农民收入指标改为农村居民可支配收入，因此 2015~2017 年用农民居民可支配收入代表农民纯收入，2003~2014 年仍为农民人均纯收入。农业资产投资（IN）：农业资产投资额是地区农业基础设施的重要表现指标，用县域第一产业投资额来代表农业资产投资情况。有效灌溉面积（IR）：有效灌溉面积是农田水利设施水平的重要衡量指标之一，用县域有效灌溉面积来表示。产业结构（IS）：国民经济产业结构的变化可能会带来农业结构的变化，用第二、第三产业产值占地区生产总值比重来代表产业结构变量。

表 5-2 控制变量描述性统计

变量	变量名称	平均值	最大值	最小值	标准差
PG	人均 GDP（万元）	1. 9901	11. 9880	0. 0807	1. 6534

续表

变量	变量名称	平均值	最大值	最小值	标准差
FM	农民人均纯收入（万元）	0.5172	1.7799	0.0469	0.3380
IN	农业资产投资（亿元）	3.7971	59.6318	0.0027	6.0648
IR	有效灌溉面积（千公顷）	9.8926	55.5520	0.1850	10.8523
IS	产业结构（%）	86.1111	109.5529	52.0260	10.4756
FR	财政收入占比（%）	5.7473	35.3240	0.4776	3.6511
FE	财政支出占比（%）	22.9792	46.3454	3.3464	19.0612
AE	农业财政支出占比（%）	15.0225	36.9427	3.8700	5.7316
UR	城镇化率（%）	18.8024	53.8640	3.9667	8.1782
AW	农业从业人员占比（%）	62.1712	88.4477	28.1111	10.5380
RE	农村用电量（万千瓦小时）	0.6833	4.9160	0.0110	0.7448

资料来源：根据原始数据的整理和计算。

财政收入占比（FR）：财政收入是衡量一个地区收入情况的重要指标，财政收入越高的地方公共基础设施也越完善，用县域的地区财政总收入占地区生产总值的比重来表示。财政支出占比（FE）：用县域财政总支出占地区生产总值的比重来表示。农业财政支出占比（AE）：农业财政支出是量化农业政策的重要指标之一，农业财政支出越高，该地区农业生产投入资本往往越高，由于县域数据中并未单独统计农业的财政支出数据，因此用县域农林水事务支出占财政支出的比重作为农业财政支出的代表变量（由于统一口径的变化，2003~2007 年为农业支出、林业支出以及水利和气象支出等；2007 年后统一为农林水事务支出）。

城镇化率（UR）：城镇化率是衡量地区城镇化推进程度的关键指标，地区城镇化率越高，该地区的劳动力要素往城镇转移的可能越多，这样可能会带来农业结构的变化，用县域城镇人口占常住人口的比重来表示。农业从业人员占比（AW）：用县域农林牧渔业从业人员数占乡村从业人员数的比重来表示。农村用电量（RE）：农村用电量是农业发展的衡量指标之一，用县域农村用电量来表示（见表 5-2）。

第二节 空间相关检验

一、空间相关关系检验

在构建空间计量模型前需要对被解释变量即农业结构合理化（his）、农业结构高级化（gis）及农业结构服务化（fis）分别进行空间相关关系检验，文献中多采用Moran's I指数进行检验，因此亦采用此方法做检验，具体结果见表5-3。

表5-3 2003~2017年Moran's I指数检验结果

年份	his	Z值	年份	gis	Z值	年份	fis	Z值
2003	0.317***	3.591	2003	0.596***	3.750	2003	0.631***	3.037
2004	0.311***	3.469	2004	0.563***	4.094	2004	0.623	1.299
2005	0.356***	3.620	2005	0.544***	4.749	2005	0.618*	1.672
2006	0.279***	3.087	2006	0.573***	4.971	2006	0.594***	4.859
2007	0.224***	2.686	2007	0.540***	4.682	2007	0.572***	4.402
2008	0.218***	2.671	2008	0.560***	4.864	2008	0.575***	4.353
2009	0.214***	2.691	2009	0.489***	4.396	2009	0.563***	4.145
2010	0.210***	2.774	2010	0.486***	3.819	2010	0.549***	3.686
2011	0.206***	2.678	2011	0.542***	3.521	2011	0.546***	3.515
2012	0.258***	2.996	2012	0.518***	2.689	2012	0.522***	2.989
2013	0.217***	2.859	2013	0.507**	2.288	2013	0.517**	2.488
2014	0.229***	3.196	2014	0.505**	2.296	2014	0.514**	2.146
2015	0.229***	3.211	2015	0.512**	2.489	2015	0.518**	2.489
2016	0.202***	3.039	2016	0.488	1.462	2016	0.483	1.262
2017	0.207***	3.068	2017	0.499**	1.936	2017	0.488**	2.136

资料来源：Stata15.1软件输出。***、**和*分别表示在1%、5%和10%的水平上显著。

从Moran's I指数的检验结果来看，除了个别年份，县域间农业结构高级化、合理化和服务化指数在绝大部分年份均存在显著的空间相关关系，即通过了1%或5%显著水平的检验，说明县对相邻县在农业结构升级方面存在空间溢出效应。形成这种空间相关关系的原因可能是：一是地理位置相邻的县域资源禀赋特征相近，要素禀赋的相关性决定了农业结构的相关性；二是地理位置相邻县域经济活动等交流更为便捷，产生了空间溢出效应，且 Moran's I 指数为正值，说明这种空间相关关系表现为正向的空间溢出效应，但从农业结构合理化和高级化的 Moran's I 指数来看，2003~2017 年有逐渐下降的趋势，说明县域间农业结构升级的空间正向溢出效应有逐渐减弱的态势。

二、多重共线性检验

（1）相关性分析。通过相关系数检验可知，14 个变量间的相关系数均在 0.5 以下，表明变量间相关性不大，鉴于变量较多，占用篇幅较大，不列出相关性检验结果。

（2）方差膨胀因子 VIF 检验。下一步进行方差膨胀因子检验，由表 5-4 的检验结果可知，14 个变量的 VIF 值均小于 10，其中最大的 VIF 值为 5.21，膨胀因子 VIF 的均值为 2.57。通过相关性分析和 VIF 检验结果综合分析可以得出，本部分所选变量之间并不存在多重共线性（见表 5-4）。

表 5-4　解释变量方差膨胀因子 VIF 检验结果

变量	FM	IS	PG	IN	T_i	L_i	FE	均值
VIF	5.21	3.61	2.97	2.76	2.73	2.73	2.47	2.57
1/VIF	0.1919	0.2766	0.3370	0.3621	0.3658	0.3659	0.4051	0.4298
变量	IR	RE	AW	K_i	FR	UR	AE	均值
VIF	2.19	2.19	2.11	2.09	1.68	1.63	1.56	2.57
1/VIF	0.4556	0.4571	0.4736	0.4774	0.5943	0.6142	0.6401	0.4298

资料来源：Stata15.1 软件输出。

三、BP 及 Hausman 检验

采用 BP 检验和 Hausman 检验对数据进行分析检验，以此来判断何种模型更适合本部分所用的数据。通过 BP 检验发现对应的伴随概率均为 0.0000，拒绝原假设，说明在“混合回归”与“随机效应模型”之间，应选择“随机效

应模型”；进一步通过 Hausman 检验发现伴随概率分别为 0.0000、0.0001 和 0.0004，拒绝原假设，因此在“固定效应”和“随机效应模型”之间，本部分数据更应采用“固定效应模型”（见表 5-5）。

表 5-5 BP 和 Hausman 检验结果

模型	his	gis	fis
BP	853.03 ***	2950.93 ***	4839.76 ***
	(0.0000)	(0.0029)	(0.0000)
Hausman	48.30 ***	44.16 ***	40.60 ***
	(0.0000)	(0.0001)	(0.0004)
观测值	26145	26145	26145
总样本量	1764	1764	1764

资料来源：Stata15.1 软件输出。***、**、* 分别表示在 1%、5%、10%的水平上显著；括号内为标准误。

第三节 实证结果分析

一、县域整体实证结果分析

从空间计量模型的估计结果看，空间误差项系数（lambda）与空间自回归系数（rho）均显著且通过 1%显著性水平的检验，印证了 Moran's I 指数的检验结果，说明了数据采用空间计量模型的必要性。为了更细致地对比，列出了空间 SARAR 模型和空间 SEM 模型估计结果，下面基于空间 SARAR 模型展开详细分析（见表 5-6）。

表 5-6 空间计量模型估计结果

变量	SARAR			SEM		
	his	gis	fis	his	gis	fis
T_i	-0.0404 ***	-0.0409 ***	0.0212 ***	-0.0335 ***	-0.0312 **	0.0270 ***
	(0.0106)	(0.0141)	(0.0023)	(0.0128)	(0.0127)	(0.0034)

续表

变量	SARAR			SEM		
	his	gis	fis	his	gis	fis
K_i	-0.0052*** (0.0011)	0.0029*** (0.0009)	0.2920*** (0.0654)	-0.0137** (0.0062)	0.0102*** (0.0031)	0.2980*** (0.0644)
L_i	0.0447*** (0.0139)	-0.0915*** (0.0179)	-0.3770** (0.1530)	0.0740*** (0.0159)	-0.1340*** (0.0193)	-0.5170*** (0.1700)
PG	0.0033 (0.0034)	-0.0011 (0.0041)	0.0698** (0.0348)	0.0039 (0.0033)	0.0013 (0.0041)	0.0667* (0.0363)
FM	-0.0398 (0.0280)	-0.0395 (0.0298)	-0.5760** (0.2520)	-0.0488* (0.0259)	-0.0216 (0.0319)	-0.4080 (0.3410)
IN	-0.0007 (0.0011)	0.0033*** (0.0010)	0.0240*** (0.0084)	0.0003 (0.0009)	0.0028** (0.0011)	0.0261** (0.0104)
FR	0.0026** (0.0012)	0.0036** (0.0014)	-0.0193 (0.0125)	0.0038*** (0.0012)	0.0037** (0.0014)	-0.0359** (0.0144)
IS	0.0025*** (0.0006)	-0.0013* (0.0007)	0.0006 (0.0066)	0.0019*** (0.0006)	-0.0016** (0.0008)	0.0035 (0.0071)
FE	-0.0016*** (0.0003)	-0.0015*** (0.0004)	0.0007 (0.0034)	-0.0012*** (0.0003)	-0.0017*** (0.0004)	-0.0011 (0.0038)
AE	0.0008 (0.0009)	-0.0009 (0.0010)	0.0318*** (0.0089)	0.0003 (0.0008)	-0.0014 (0.0011)	0.0319*** (0.0098)
UR	0.0024*** (0.0008)	0.0035*** (0.0012)	0.0078 (0.0113)	0.0021* (0.0012)	0.0039*** (0.0014)	0.0111 (0.0142)
AW	0.0005 (0.0005)	-0.0010 (0.0006)	-0.0207*** (0.0059)	0.0006 (0.0006)	-0.0016** (0.0007)	-0.0214*** (0.0064)
IR	0.0018** (0.0008)	-0.0001 (0.0013)	0.0155 (0.0146)	0.0048** (0.0022)	0.0063** (0.0027)	0.0009 (0.0229)
RE	0.0141 (0.0091)	0.0342*** (0.0123)	0.2080** (0.1060)	0.0275*** (0.0105)	0.0513*** (0.0128)	0.1320 (0.1090)
rho	0.297*** (0.0975)	0.289*** (0.0933)	0.531*** (0.0660)	—	—	—
lambda	0.412*** (0.0831)	0.399*** (0.0846)	0.683*** (0.2123)	0.418*** (0.0882)	0.402*** (0.0859)	0.677*** (0.1100)
sigma2_e	0.0084*** (0.0003)	0.0125*** (0.0004)	0.8610*** (0.0334)	0.0077*** (0.0002)	0.0115*** (0.0004)	0.8020*** (0.0305)
常数项	0.0975*** (0.0201)	0.9930*** (0.1520)	1.2680* (0.7610)	—	—	—

续表

变量	SARAR			SEM		
	his	gis	fis	his	gis	fis
观测值	26145	26145	26145	26145	26145	26145
R^2	0.015	0.047	0.075	0.003	0.001	0.033
总样本量	1764	1764	1764	1764	1764	1764

资料来源：Stata15.1 软件输出。***、**、*分别表示在1%、5%、10%的水平上显著；括号内为标准误。

（1）要素禀赋系数对农业结构合理化的影响分析。估计结果显示农业土地（T_i）、资本（K_i）和劳动力要素禀赋系数（L_i）对农业结构合理化指数（his）均有显著影响，且均通过了1%显著性水平的检验，影响系数分别为-0.0404、-0.0052和0.0447。其中，农业资本要素禀赋系数对农业结构合理化指数有负向影响，而农业劳动力要素禀赋系数对农业结构合理化指数有正向影响，由于农业结构合理化指数与合理化水平解释机理相反，说明资本要素相对丰裕可以促进农业结构合理化水平，劳动要素的相对丰裕不但不能促进其合理化，反而阻碍农业结构往合理化方向发展；农业结构合理化的本质是：一方面，农业生产中，要素从生产率低的产业向生产率较高的产业流动，使要素在各产业间形成有效合理配置；另一方面，在要素数量有限的情况下，通过要素间的有效替代可以使要素配置效率提高，进而使投入和产出达到最优（任保平，2015）。随着工业化城镇化快速推进，我国农村劳动力逐渐从农村流向城市，农业劳动力开始从农业转向生产率高的第二、第三产业，但目前来看，农村及农业劳动力资源仍相对丰裕，2018年我国农业从业人员数量为20258万人，乡村从业人员数量为34167万人，农业劳动力占比仍高达59.29%，这意味着农业劳动力仍需继续流向高效率产业，才能进一步促进农业结构的合理化。

农业土地要素禀赋系数对农业结构合理化有负向影响，说明土地要素相对丰裕有利于促进农业结构合理化水平的提高；随着非农用地的迅速增加，土地要素在农业生产中稀缺程度越来越高，而农业生产是以土地要素为基本单位，且农业生产中规模经营可以提高农业生产率的观点在学术界已达成共识，目前我国人均耕地面积不足，2018年仅为0.093亩，需要土地进一步合理化流转，促进农业生产规模经营，提高土地要素对于农业结构合理化水平的促进作用。通过以上分析可以认为，农业结构的合理化水平的提高需要农业土地和资本要素的相对丰裕，而农业劳动力要素的相对丰裕反而会阻碍农业结构的合理化水平的提高。

（2）要素禀赋系数对农业结构高级化的影响分析。农业土地（T_i）、资本（K_i）和劳动力要素禀赋系数（L_i）对农业结构高级化指数（his）均有显著影响，且均通过了1%显著性水平的检验，影响系数分别为-0.0409、0.0029和-0.0915；其中农业资本要素禀赋系数对农业结构高级化的影响系数为正，而农业土地和劳动力要素禀赋系数对农业结构高级化的影响系数为负，说明农业资本要素的相对丰裕可以促进农业结构高级化水平的提高，而土地和劳动力要素的相对丰裕会阻碍农业结构的高级化。土地要素对农业结构高级化的阻碍作用可以从以下方面进行解释：农业结构高级化的含义是农业结构往"服务化方向发展"且种植业的重要性适当降低，而非种植业的重要性适当升高，而土地要素主要作用于种植业中，因此，土地要素禀赋系数升高对农业结构高级化形成阻碍作用。

（3）要素禀赋系数对农业结构服务化的影响分析。农业土地（T_i）、资本（K_i）和劳动力要素禀赋系数（L_i）对农业结构服务化（fis）均有显著的正向影响，且均通过了至少5%显著性水平的检验，影响系数分别为0.0212、0.2920和-0.3770，说明土地和资本要素的相对丰裕可以促进农业结构服务化水平的提高，而劳动力要素的相对丰裕不利于农业结构服务化水平的提高，原因可能是：土地要素的相对丰裕，随着农业劳动力的转移，提高了农业生产中的人均耕地面积，通过土地流转的顺利进行，农业生产的规模经营逐渐形成，规模经营进程中需要资本要素的更多投入，如农业机械化、农业生物化学技术等，这样就催生了一大批新型农业经营主体的诞生，促进了农业服务业的发展，提高了农业服务业的发展规模。

控制变量对农业结构升级的影响并不一致，且由于控制变量不是本部分研究的重点，鉴于篇幅有限，不对其进行详细分析解释。

二、不同区域实证结果分析

表5-7显示了东、中、西部县域的空间SARAR模型的估计结果，可以发现空间自回归系数（rho）和空间误差项系数（lambda）均显著，印证了Moran's I指数的检验结果，说明了数据采用空间计量模型的必要性。中国幅

员辽阔，地区间经济发展水平参差不齐（张红霞，2018）且不同地区间农业要素禀赋存在明显差异，有必要分区域来进行对比分析，下面从不同区域分析要素禀赋对农业结构升级的影响。

表 5-7 不同区域的空间计量模型估计结果

变量	东部			中部			西部		
	his	gis	fis	his	gis	fis	his	gis	fis
T_i	-0.0110	-0.0783***	-0.0134	-0.0566***	0.0991***	0.0198***	-0.0300**	-0.0186***	-0.0120
	(0.0125)	(0.0221)	(0.0916)	(0.0201)	(0.0289)	(0.0038)	(0.0148)	(0.0033)	(0.0246)
K_i	-0.0291***	0.0367***	0.2489***	-0.0366***	0.0375**	0.7960***	-0.0374**	0.0432**	0.1310***
	(0.0048)	(0.0113)	(0.0496)	(0.0059)	(0.0153)	(0.1760)	(0.0187)	(0.0168)	(0.0325)
L_i	0.0273***	-0.0134**	-0.2006***	0.0331***	-0.0732**	-0.4431***	0.391***	-0.357***	-0.1448***
	(0.0084)	(0.0053)	(0.0639)	(0.0200)	(0.0285)	(0.0324)	(0.0459)	(0.0374)	(0.0364)
PG	0.0158	-0.0045*	-0.0862	0.0114***	-0.0230***	-0.2640***	0.0326	-0.0467**	-0.0221
	(0.0128)	(0.0023)	(0.1030)	(0.0043)	(0.0063)	(0.0779)	(0.0216)	(0.0195)	(0.0438)
FM	-0.0093	-0.0435***	-0.2452***	-0.0342**	-0.0166	-0.2421***	-0.0696	-0.0272	-0.6940***
	(0.0063)	(0.0141)	(0.0649)	(0.0168)	(0.0233)	(0.0342)	(0.0980)	(0.0870)	(0.2190)
IN	-0.0052**	0.0124***	0.0514***	-0.0051***	0.0089***	0.0892***	-0.0056**	0.0060	0.0480***
	(0.0025)	(0.0045)	(0.0200)	(0.0018)	(0.0026)	(0.0340)	(0.0026)	(0.0052)	(0.0116)
FR	0.0035**	0.0033**	0.0188*	0.0038***	0.1180**	0.0235***	0.0076**	0.0868**	0.0195***
	(0.0016)	(0.0013)	(0.0143)	(0.0012)	(0.0592)	(0.0059)	(0.0036)	(0.0361)	(0.0072)
IS	0.0309**	-0.0628***	-0.0114	0.0032	-0.0119	-0.0807**	-0.0521***	-0.0404**	-0.0125***
	(0.0140)	(0.0228)	(0.1009)	(0.0193)	(0.0269)	(0.0348)	(0.0186)	(0.0166)	(0.0037)
FE	0.0037	-0.0018***	-0.0017	-0.0015	-0.0091	-0.0053*	0.0175	-0.0129	-0.0956
	(0.0548)	(0.0005)	(0.0025)	(0.0164)	(0.0228)	(0.0029)	(0.1090)	(0.0971)	(0.215)
AE	0.3520***	0.2170**	0.0385***	0.2530***	0.2620**	0.0306**	0.4690***	0.4820***	0.5220***
	(0.0596)	(0.1050)	(0.0045)	(0.0836)	(0.1160)	(0.0152)	(0.0373)	(0.0331)	(0.0722)
UR	0.0018*	0.0253	0.0130	0.0625*	0.0775	0.0111*	0.1500	0.0277	0.0976**
	(0.0013)	(0.0507)	(0.0221)	(0.0360)	(0.0502)	(0.0065)	(0.2380)	(0.0217)	(0.0462)
AW	0.0078**	-0.0015**	-0.0372***	0.1250***	-0.2020***	-0.0275	0.2900**	-0.4200***	-0.3519***
	(0.0033)	(0.0007)	(0.0073)	(0.0465)	(0.0660)	(0.0839)	(0.1300)	(0.1180)	(0.0261)
IR	0.0031*	0.0021*	0.0082	0.0051**	0.0091***	0.1110***	0.0724*	0.0714**	0.0690
	(0.0016)	(0.0013)	(0.0216)	(0.0020)	(0.0027)	(0.0410)	(0.0433)	(0.0311)	(0.0720)
RE	0.0166**	0.0245**	0.1082*	0.0236***	0.0324	0.3000***	0.0677	0.0294	0.3610***
	(0.0072)	(0.0121)	(0.1018)	(0.0051)	(0.0706)	(0.0972)	(0.0430)	(0.0407)	(0.0835)
rho	0.580***	0.224***	0.152***	0.184*	0.270***	0.266***	0.759***	0.176**	0.453***
	(0.0534)	(0.0864)	(0.0103)	(0.1010)	(0.0933)	(0.0902)	(0.0825)	(0.0835)	(0.0452)

续表

变量	东部			中部			西部		
	his	gis	fis	his	gis	fis	his	gis	fis
lambda	0.279**	0.238**	0.610***	0.239**	0.396***	0.265**	0.424***	0.349***	0.444***
	(0.123)	(0.112)	(0.135)	(0.118)	(0.124)	(0.105)	(0.115)	(0.108)	(0.095)
sigma2_e	0.0041***	0.0017***	0.3471***	0.0034***	0.0066***	1.1080***	0.0530***	0.0413***	0.1770***
	(0.0003)	(0.0005)	(0.0198)	(0.0001)	(0.0003)	(0.0537)	(0.0023)	(0.0018)	(0.0078)
Hausman	27.34**	38.24***	29.25***	38.54***	38.48***	30.33***	40.45***	53.83***	87.40***
常数项	0.0482***	1.2200***	0.8005***	0.1190***	1.0210***	0.5690***	0.6850***	2.0830***	1.1210***
	(0.0161)	(0.1370)	(0.1315)	(0.0333)	(0.1470)	(0.1558)	(0.1720)	(0.2140)	(0.3520)
观测值	6300	6300	6300	8910	8910	8910	10935	10935	10935
R^2	0.044	0.383	0.318	0.017	0.046	0.125	0.086	0.102	0.257
总样本量	420	420	420	594	594	594	729	729	729

资料来源：Stata15.1 软件输出。***、**、*分别表示在1%、5%、10%的水平上显著；括号内为标准误。

（1）要素禀赋对不同区域农业结构合理化的影响分析。农业土地要素禀赋系数对中部和西部县域农业结构合理化指数有负向影响，且分别通过了1%和5%显著性水平的检验，而对东部县域农业结构合理化指数并不显著，说明土地要素的相对丰裕可以促进中部和西部县域农业结构合理化水平的提高，而对东部县域农业结构合理化水平的促进作用不明显；至于原因可能是东部县域人均耕地面积较少且土地细碎化程度较高，土地面积的增加很难促进农业结构合理化水平的提高，而中部和西部县域耕地面积较丰富、人均耕地面积较高，土地面积的增加容易形成规模效应，从而形成对农业结构合理化水平的提高。农业资本要素禀赋系数对东、中、西部县域农业结构合理化指数均有显著的负向影响，且至少通过了5%显著性水平的检验，说明资本要素的相对丰裕均有利于东、中、西县域农业结构合理化水平的提高；从估计系数对比可以发现资本要素禀赋对不同区域农业结构合理化水平影响依次呈递减趋势，即对西部县域影响促进作用最大，东部促进作用最小；这可能是由于西部地区经济发展程度较低，农业发展中的资本要素投入较少，随着资本要素投入增加，容易形成规模报酬，进而对农业结构合理化水平促进作用较大，而东部县域农业中资本要素投入量基数较大，继续增加投入带来的正向效用减弱，因此对农业结构合理化水平的提高作用有限。

农业劳动力要素禀赋系数对东、中、西部县域农业结构合理化指数均有正向影响，且均通过了1%显著性水平的检验，说明劳动力要素的相对丰裕对东、中、西部县域农业结构合理化水平均产生了阻碍效果，且对西部县域农业结构合理化水平的阻碍作用最大，对东部县域合理化水平阻碍作用最小；这可能是因为西部县域由于经济、地理和文化等因素的影响，劳动力要素流动比东部和中部县域较慢，农业中堆积了较多的劳动力要素，阻碍了农业结构合理化水平的提高，而东部和中部县域由于地区间经济联系较密切，劳动力流动较快，劳动力增加对农业结构合理化水平的阻碍作用相对较小。

（2）要素禀赋对不同区域农业结构高级化的影响分析。农业土地要素禀赋系数对东部和西部县域农业结构高级化指数有显著的负向影响，对中部县域农业结构高级化指数有显著的正向影响，且均通过了1%显著性水平的检验，说明土地要素的相对丰裕不利于东部和西部县域农业结构高级化水平的提高，而可以促进中部县域农业结构高级化水平的提高；可能的原因是土地要素的相对丰裕可能会促进种植业的发展，种植业产值的增加可能会相对降低农业结构高级化水平，而中部县域由于多数处在粮食主产区，相对较重视农业发展，农业服务业发展也相对较快，土地要素相对丰裕在增加种植业产值的同时也会增加农业服务业产值，可能会提高农业结构的高级化水平。农业资本要素禀赋系数对不同区域农业结构高级化均有显著的正向影响，说明资本要素的相对丰裕均有利于东、中、西部县域农业结构高级化水平的提高；从影响程度来看，资本要素禀赋系数对西部县域农业结构高级化的影响最大，中部地区次之，原因可能是西部地区农业资本要素基数较低，随着资本投入增加，农业各产业尤其是服务业增长空间较大，从而提高了农业结构的高级化水平。农业劳动力要素禀赋系数对东、中、西部县域农业结构高级化的影响均为负，且通过了至少5%显著性水平的检验，说明劳动力要素的相对丰裕对东、中、西县域农业结构高级化水平的提高均产生了阻碍作用，且对西部县域农业结构高级化水平的阻碍作用最大，对东部县域高级化水平的阻碍作用最小。

（3）要素禀赋对不同区域农业结构服务化的影响分析。农业土地要素禀赋系数对中部县域农业结构服务化有显著的正向影响，且通过了1%显著性水平的检验，而对东部和西部县域农业结构服务化的影响并不显著，这可能是因为中部县域耕地面积较丰富，容易形成规模经营，可以显著带动农业服务业的发展，而土地要素的相对丰裕对东部和西部县域农业服务业的带动作用不明显。农业资本要素禀赋系数对东、中、西部县域农业结构服务化均有显著的正向影响，说明资本要素的相对丰裕可以显著提高东、中、西部县域农业结构的服务化水平，且对中部县域农业结构服务化的影响要大于东部和西部县域，这是由于中部地区粮食主产区居多，对农业重视程度较高，相对农业服务业发展较快，资本要素的投入对农业服务业的促进作用较明显。农业劳动力要素禀赋系数对不同区域农业结构服务化有显著的负向影响，说明劳动力要素相对丰裕阻碍了东、中、西部县域农业结构服务化水平的提高，同样对中部县域的阻碍作用最大。

三、稳健性检验

总结已有权威文献的稳健性检验的方法，一般从三个方面对面板数据进行稳健性讨论。一是重新构建核心解释变量来检验结论稳健与否；二是变换计量模型来检验结论的稳健性；三是更换权重矩阵，按照不同的邻接关系调整样本的权重矩阵来检验。

（1）更换核心解释变量。由于更换了核心解释变量，需要重新对数据进行多重共线性检验。首先，进行相关性分析，通过相关系数检验可知，13 个变量间的相关系数均在 0.5 以下，表明变量间相关性不大，鉴于变量较多，不便于列出相关性检验结果。其次，进行方差膨胀因子检验，由表 5-8 的检验结果可知，变量的 VIF 值均小于 10，其中最大的 VIF 值为 4.97，膨胀因子 VIF 的均值为 2.24。通过相关性分析和 VIF 检验结果综合分析可以断定，更换核心解释变量后所选变量之间并不存在多重共线性（见表 5-8）。

表 5-8　解释变量方差膨胀因子 VIF 检验结果

变量	FM	IS	IN	PG	FE	RE	IR
VIF	4.97	2.8	2.69	2.64	2.29	2.13	2.11
1/VIF	0.2012	0.3571	0.3718	0.3783	0.4358	0.4703	0.4734
变量	AW	FR	L	K	AE	UR	均值
VIF	1.98	1.54	1.51	1.51	1.51	1.39	2.24
1/VIF	0.5039	0.6485	0.6603	0.6640	0.6641	0.7201	0.5037

本部分选用测度的农业要素禀赋结构指数作为农业要素禀赋系数的替代

变量，要素禀赋结构指数不仅包含要素禀赋系数的经济学含义，而且还可以从结构方面分析对农业结构升级的影响，但若同时选用农业要素禀赋结构指数的三个指标会引起多重共线性的问题，同时鉴于土地要素禀赋结构指数占比很低且变化较稳定，因此，只选用农业资本和劳动力要素禀赋指数作为更换的核心解释变量来进行结论的稳健性检验（见表 5-9）。

表 5-9　更换核心解释变量的估计结果

变量	SARAR		
	his	gis	fis
K	-0.0378*** (0.0112)	0.0375*** (0.0101)	0.5831*** (0.1441)
L	0.0746** (0.0317)	-0.1040*** (0.0394)	-0.7540** (0.3210)
PG	0.0027 (0.0032)	-0.0002 (0.0042)	0.0626* (0.0349)
FM	-0.0332 (0.0235)	-0.0317 (0.0307)	-0.4530* (0.2550)
IN	0.0005 (0.0008)	0.0028*** (0.0010)	0.0250*** (0.0084)
FR	0.0037*** (0.0011)	0.0053*** (0.0014)	-0.0214* (0.0125)
IS	-0.0007 (0.0005)	0.0009 (0.0007)	0.0128** (0.0062)
FE	-0.0012*** (0.0003)	-0.0017*** (0.0004)	0.0004 (0.0034)
AE	0.0005 (0.0007)	-0.0007 (0.0011)	0.0276*** (0.0090)
UR	0.0010 (0.0007)	0.0020 (0.0012)	0.0105 (0.0114)
AW	0.0012** (0.0005)	-0.0002 (0.0006)	-0.0182*** (0.0058)
IR	0.0002 (0.0007)	-0.0028** (0.0013)	0.0062 (0.0147)

续表

变量	SARAR		
	his	gis	fis
RE	0. 0095 (0. 0088)	0. 0299 ** (0. 0125)	0. 1430 (0. 1060)
rho	0. 249 ** (0. 1000)	0. 168 * (0. 0978)	0. 485 *** (0. 0677)
lambda	0. 620 *** (0. 1190)	0. 374 *** (0. 0985)	0. 915 *** (0. 1865)
sigma2_e	0. 0088 *** (0. 0003)	0. 0134 *** (0. 0005)	0. 8820 *** (0. 0341)
BP	912. 29 ***	2851. 80 ***	5448. 15 ***
Hausman	47. 50 ***	36. 55 ***	41. 80 ***
常数项	0. 0729 *** (0. 0218)	1. 0930 *** (0. 1590)	1. 4290 *** (0. 3770)
观测值	26145	26145	26145
R^2	0. 025	0. 031	0. 041
总样本量	1764	1764	1764

资料来源：Stata15. 1 软件输出。*** 、** 、* 分别表示在 1%、5%、10%的水平上显著；括号内为标准误。

从表 5-9 更换核心解释变量后的估计结果来看，农业资本（K）和劳动力要素禀赋结构指数（L）对农业结构合理化和高级化的影响显著，且通过了至少 5%显著性水平的检验；其中农业资本要素禀赋结构指数对农业结构合理化指数影响为负，农业劳动力要素禀赋结构指数对其有正向影响；而农业资本要素禀赋结构指数对农业结构高级化指数影响为正，劳动力要素禀赋结构对其影响系数为负，说明农业资本要素禀赋结构指数的提高可以促进农业结构趋于合理化和高级化，而农业劳动力要素禀赋结构指数的提高会阻碍农业结构的合理化和高级化水平，因此，适当提高农业资本在要素禀赋结构中所占份额，且适当降低农业劳动力的所占份额，可以促进农业结构往合理化及高级化方向发展，进而促进农业结构的优化升级。

农业资本和劳动力要素禀赋结构指数对农业结构服务化有显著的影响，且均通过至少 5%显著性水平的检验，但两者对农业结构服务化的影响系数相反，同样说明农业资本要素禀赋结构指数的提高且农业劳动力要素禀赋结构指数的降低，可以有效提高农业服务业占比，进而提升农业结构服务化水平。更换核心解释变量后的估计结果与基准模型基本一致，而其他解释变量的估计结果影响系数与显著性也与基准模型差异不大，说明更换核心解释变量后，得出的结论仍然是稳健的。

（2）更换计量模型。本部分选择更换空间杜宾模型（SDM）和面板 Tobit 模型重新对数据进行实证检验，来检验结论是否稳健，具体结果见表 5-10。

表 5-10 更换计量模型的估计结果

变量	SDM			面板 Tobit		
	his	gis	fis	his	gis	fis
T_i	-0.0404***	-0.0524***	0.0735***	-0.0372***	-0.0381***	0.0916***
	(0.0106)	(0.0145)	(0.0230)	(0.0102)	(0.0142)	(0.0262)
K_i	-0.0052***	0.0035***	0.2580***	-0.0049***	0.0019***	0.2870***
	(0.0013)	(0.0011)	(0.0642)	(0.0014)	(0.0006)	(0.0670)
L_i	0.0447***	-0.1050***	-0.5650***	0.0297**	-0.0899***	-0.3230**
	(0.0139)	(0.0186)	(0.1550)	(0.0134)	(0.0180)	(0.1570)
PG	0.0033	0.0003	0.0276	0.0015	0.0005	0.0933***
	(0.0034)	(0.0043)	(0.0348)	(0.0033)	(0.0041)	(0.0355)
FM	-0.0398	-0.0130	-0.9540***	-0.0282	-0.0396	-0.4230
	(0.0280)	(0.0361)	(0.3010)	(0.0235)	(0.0299)	(0.2580)
IN	-0.0007	0.0023*	0.0217**	0.0007	0.0035***	0.0218**
	(0.0011)	(0.0013)	(0.0107)	(0.0008)	(0.0010)	(0.0086)
FR	0.0026**	0.0023	-0.0608***	0.0028**	0.0038***	-0.0054
	(0.0012)	(0.0015)	(0.0127)	(0.0011)	(0.0014)	(0.0127)
IS	-0.0025***	-0.0021**	-0.0018	-0.0017***	-0.0009	0.0093
	(0.0006)	(0.0008)	(0.0068)	(0.0006)	(0.0007)	(0.0067)
FE	-0.0015***	-0.0017***	0.0005	-0.0012***	-0.0014***	0.0050
	(0.0003)	(0.0004)	(0.0036)	(0.0003)	(0.0004)	(0.0035)
AE	0.0008	-0.0014	0.0024	0.0005	-0.0005	0.0466***
	(0.0009)	(0.0011)	(0.0094)	(0.0007)	(0.0013)	(0.0090)
UR	0.0023***	0.0038***	-0.0080	0.0016**	0.0036***	0.0252**
	(0.0008)	(0.0013)	(0.0122)	(0.0008)	(0.0012)	(0.0114)

续表

变量	SDM			面板 Tobit		
	his	gis	fis	his	gis	fis
AW	0.0005 (0.0005)	−0.0011 (0.0007)	−0.0153 *** (0.0059)	0.0009 * (0.0005)	−0.0009 (0.0006)	−0.0262 *** (0.0061)
IR	0.0017 ** (0.0008)	0.0005 (0.0013)	0.0283 * (0.0147)	0.0016 ** (0.0008)	−0.0001 (0.0013)	0.0179 (0.0149)
RE	0.0141 (0.0091)	0.0280 ** (0.0123)	0.1110 (0.1030)	0.0136 (0.0091)	0.0341 *** (0.0124)	0.2660 ** (0.1080)
rho	0.051 *** (0.0111)	0.095 *** (0.0109)	0.159 *** (0.0372)	—	—	—
sigma2_e	0.0082 *** (0.0003)	0.0122 *** (0.0004)	0.7750 *** (0.0300)	—	—	—
常数项	0.2250 *** (0.0617)	0.8910 ** (0.4150)	0.2210 ** (0.0851)	0.1390 ** (0.0690)	1.3770 *** (0.0885)	1.7150 ** (0.7770)
观测值	26145	26145	26145	26145	26145	26145
R^2	0.037	0.101	0.059	0.237	0.321	0.359
总样本量	1764	1764	1764	1764	1764	1764

资料来源：Stata15.1 软件输出。***、**、* 分别表示在 1%、5%、10%的水平上显著；括号内为标准误。

表 5-10 显示了更换空间 SDM 模型和面板 Tobit 模型后的估计结果，可以发现核心解释变量农业资本要素禀赋系数对农业结构高级化和服务化指数均有显著的正向影响，对农业结构合理化指数有负向影响；而农业劳动力要素禀赋系数对农业结构高级化和服务化指数均有显著的负向影响，对农业结构合理化指数有正向影响；农业土地要素禀赋系数对农业结构服务化有正向影响，而对农业结构合理化和高级化有负向影响，且均通过了显著性水平检验，其结果与基准模型基本一致；其他解释变量估计结果也与基准模型大体一致，说明更换计量模型后，相关结论仍然是稳健的。

（3）更换空间权重矩阵。本部分借鉴贾敬全等（2015）和孙学涛等（2017）的相关研究，更换空间邻接矩阵来检验；空间邻接矩阵是按照空间邻接关系建立的矩阵，即两个县域若相邻为 1，不相邻则为 0，仍用空间 SARAR 和空间 SEM 模型估计，具体结果见表 5-11。

表 5-11 更换空间权重矩阵的估计结果

变量	SARAR			SEM		
	his	gis	fis	his	gis	fis
T_i	-0.0999*** (0.0218)	-0.1240*** (0.0297)	0.4851*** (0.156)	-0.1190*** (0.0267)	-0.0921*** (0.0325)	0.6860** (0.2720)
K_i	-0.0048*** (0.0011)	0.0041** (0.0014)	0.0483*** (0.0120)	-0.0038*** (0.0012)	0.0047*** (0.0014)	0.0554*** (0.0119)
L_i	0.0175** (0.0067)	-0.0443*** (0.0090)	-0.5250*** (0.0768)	0.0227*** (0.0078)	-0.0597*** (0.0095)	-0.6630*** (0.0789)
PG	0.0018 (0.0032)	-0.0009 (0.0041)	0.0841** (0.0339)	0.0028 (0.0033)	-0.0004 (0.0041)	0.0710** (0.0342)
FM	-0.0276 (0.0235)	-0.0402 (0.0299)	-0.6570*** (0.248)	-0.0444* (0.0255)	-0.0290 (0.0319)	-0.3540 (0.2730)
IN	-0.0002 (0.0008)	0.0018* (0.0011)	0.0040 (0.0089)	-0.0005 (0.0009)	0.0014 (0.0011)	0.0127 (0.0104)
FR	0.0024** (0.0011)	0.0022 (0.0015)	-0.0484*** (0.0125)	0.0031** (0.0012)	0.0017 (0.0015)	-0.0664*** (0.0129)
IS	-0.0021*** (0.0006)	-0.0016** (0.0007)	-0.0084 (0.0065)	-0.0017*** (0.0006)	-0.0016** (0.0008)	-0.0029 (0.0066)
FE	-0.0013*** (0.0003)	-0.0018*** (0.0003)	0.0002 (0.0034)	-0.0013*** (0.0003)	-0.0019*** (0.0004)	0.0014 (0.0034)
AE	0.0003 (0.0007)	-0.0015 (0.0010)	0.0255*** (0.0088)	0.0005 (0.0008)	-0.0022** (0.0010)	0.0263*** (0.0089)
UR	0.0017** (0.0008)	0.0029** (0.0012)	0.0040 (0.0112)	0.0011 (0.0012)	0.0022 (0.0014)	0.0023 (0.0125)
AW	0.0008 (0.0005)	-0.0011* (0.0006)	-0.0293*** (0.0059)	0.0003 (0.0005)	-0.0016** (0.0007)	-0.0330*** (0.0060)
IR	0.0015* (0.0008)	-0.0003 (0.0013)	0.0202 (0.0146)	0.0044* (0.0022)	0.0068** (0.0027)	0.0246 (0.0225)
RE	0.0150* (0.0091)	0.0346*** (0.0123)	0.2070** (0.1040)	0.0277*** (0.0106)	0.0526*** (0.0129)	0.1480 (0.1060)
rho	0.272*** (0.0984)	0.226** (0.0951)	0.494*** (0.0668)	—	—	—

续表

变量	SARAR			SEM		
	his	gis	fis	his	gis	fis
lambda	0.783*** (0.1180)	0.422*** (0.0974)	0.949*** (0.1867)	0.291*** (0.0965)	0.306*** (0.0967)	0.620*** (0.0691)
sigma2_e	0.0084*** (0.0003)	0.0125*** (0.0004)	0.8270*** (0.0320)	0.0077*** (0.0002)	0.0115*** (0.0004)	0.7620*** (0.0285)
常数项	0.1340* (0.0717)	1.1690*** (0.1560)	2.7230*** (0.7700)	—	—	—
观测值	26145	26145	26145	26145	26145	26145
R^2	0.019	0.051	0.066	0.008	0.004	0.042
总样本量	1764	1764	1764	1764	1764	1764

资料来源：Stata15.1 软件输出。***、**、*分别表示在1%、5%、10%的水平上显著；括号内为标准误。

表 5-11 展示了更换为空间邻接权重矩阵后，空间 SARAR 和空间 SEM 模型的估计结果，可以看到：核心解释变量估计结果同基准模型结果相比，农业土地、资本和劳动力要素禀赋系数均对农业结构升级有显著的影响，且系数方向同基准模型一致；其他解释变量对农业结构升级影响的估计结果也同基准模型估计结果相似，因此，可以认为更换空间邻接矩阵后所得结果仍然是稳健的。

第四节　影响机理讨论
——基于技术进步偏向视角

技术进步是推进农业经济持续增长的重要源泉（魏金义和祁春节，2015）。前面已经验证要素禀赋在农业各产业间的重新配置带来了农业结构升级，但我们不能忽略技术进步在要素配置中的重要作用，技术进步作为要素配置的催化剂可减少要素投入成本，提高要素产出效率，为农业结构升级起到重要的促进作用。而现实经济中，技术进步往往是存在方向的，技术进步偏向于使用某种要素可以提高该种要素的边际产出；要素禀赋是技术进步的原材料，其无法脱离要素禀赋而独立发生，诱致性技术进步理论认为地区的农业要素禀赋决定了地区的技术选择类型，同理要素禀赋发生变化需要有新的农业技术进步相匹配。

农业技术进步偏向于某种生产要素演进，使要素间不断替代，通过改变要素的组合、配置和边际替代率，从而促进农业结构发生变化（付明辉和祁春节，2016）。当地区的要素禀赋与技术进步偏向相匹配时，要素配置获得优化，将会有效促进农业结构优化升级；反之则会阻碍农业结构优化升级。而现阶段我国县域农业要素禀赋变化与地区技术进步偏向是否相匹配，进而是否可以促进农业结构升级？对此问题本节将做出解答，从技术进步偏向视角探讨要素禀赋对农业结构升级的影响机理。

一、指数测度

技术进步偏向来源一般分为哈罗德技术进步偏向、希克斯技术进步偏向和索罗技术进步偏向，而不同的技术进步偏向的前提假定是不同的。希克斯的前提假定是资本劳动比不变，由于长期内资本劳动比可能会发生变化，随着资本不断深化，资本劳动比呈现逐渐提高的趋势；哈罗德的前提假定是资本产出比不变；而索罗的前提假定是劳动产出比不变，其定义与哈罗德技术进步偏向互为镜像。

本部分同时测度哈罗德和希克斯两种技术进步偏向指数。借鉴陆雪琴和章上峰（2013）的研究成果，界定哈罗德技术进步偏向指数和希克斯技术进步偏向指数的公式为：

$$B_t\text{（Harrod）}=\frac{\sigma-1}{\sigma}\hat{\Gamma}_t^K \tag{5-6}$$

$$B_t\text{（Hicks）}=\frac{\sigma-1}{\sigma}\left(\hat{\Gamma}_t^K-\hat{\Gamma}_t^L\right) \tag{5-7}$$

式中，K 和 L 分别表示农业资本和劳动力要素，t 表示时间；σ 表示资本和劳动力要素之间的替代弹性，代表资本和劳动力要素的边际产出比的变化引起两种要素投入比例的变化，且当 $\sigma<1$ 时，表明生产中资本和劳动要素总互补，反之资本和劳动总替代；$\hat{\Gamma}_t^K$ 表示资本增强型技术进步项的变化率，

$\widehat{\Gamma}_t^L$ 表示劳动增强型技术进步项的变化率，技术进步偏向指数若大于0，表示技术进步偏向资本型，反之偏向劳动型；因此，需要测算替代弹性、资本与劳动增强型技术进步项的变化率。

（1）替代弹性的估计。借鉴 León-Ledesma（2010）的 Kmenta 近似方法来估计替代弹性，分为三步：第一，找到基准点，对 CES 生产函数进行标准化；第二，对生产函数进行泰勒展开；第三，通过计量模型得到回归系数，计算替代弹性。CES 生产函数具体形式如下：

$$Y_t = C\left[\pi(\Gamma_t^K K_t)^{\frac{\sigma-1}{\sigma}} + (1-\pi)(\Gamma_t^L L_t)^{\frac{\sigma-1}{\sigma}}\right]^{\frac{\sigma}{\sigma-1}} \tag{5-8}$$

$$\sigma = -\frac{d(K/L)}{d(MP_L/MP_K)} \times \frac{MP_L/MP_K}{K/L} \tag{5-9}$$

式中，K 和 L 分别表示农业资本和劳动力要素投入，π 表示分配参数且属于（0，1），反映资本和劳动的相对重要性；C 表示效率常数；MP_K 和 MK_L 分别表示农业资本和劳动力要素的边际产出；Γ_t^K 和 Γ_t^L 表示资本和劳动增强型技术进步项。设 Γ_t^K 和 Γ_t^L 呈指数型增长，具体形式如下：

$$\Gamma_t^K = \Gamma_0^K e^{\gamma K^t},\ \Gamma_t^L = \Gamma_0^L e^{\gamma L^t},\ \widehat{\Gamma}_t^K = \gamma_K,\ \widehat{\Gamma}_t^L = \gamma_L \tag{5-10}$$

式中，γ_K 和 γ_L 分别表示资本和劳动要素增强型技术进步项的增长率，Γ_0^K 和 Γ_0^L 分别表示资本和劳动要素增强型技术进步项的初始值。

将基准点设定为资本收入份额与劳动收入份额之比，为 π /（1-π）时的产出（Y_0）、资本（K_0）、劳动（L_0）、资本要素价格（ω_0）、劳动要素价格（γ_0）。基准点满足条件 $\gamma_0 K_{0/} \omega_0 L_{0=} \pi/(1-\pi)$，进一步得到：

$$\Gamma_t^K = \Gamma_0^K e^{\gamma K^t} = Y_0/CK_0 e^{\gamma K^t},\ \Gamma_t^L = \Gamma_0^L e^{\gamma L^t} = Y_0/CL_0 e^{\gamma L^t} \tag{5-11}$$

将式（5-11）代入式（5-8），得到 CES 生产函数标准化形式：

$$Y_t = Y_0\left[\pi\left(\frac{e^{\gamma K^t}K_t}{K_0}\right)^{\frac{\sigma-1}{\sigma}} + (1-\pi)\left(\frac{e^{\gamma L^t}L_t}{L_0}\right)^{\frac{\sigma-1}{\sigma}}\right]^{\frac{\sigma}{\sigma-1}} \tag{5-12}$$

对式（5-12）两边取对数得到：

$$\log\left(\frac{Y_t}{Y_0}\right) = \frac{\sigma}{\sigma-1}\log\left[\pi\left(\frac{e^{\gamma K^t}K_t}{K_0}\right)^{\frac{\sigma-1}{\sigma}} + (1-\pi)\left(\frac{e^{\gamma L^t}L_t}{L_0}\right)^{\frac{\sigma-1}{\sigma}}\right] \tag{5-13}$$

把式（5-13）在 σ =1 处进行泰勒展开，并化简得到：

$$\log\left(\frac{Y_t/Y_0}{L_t/L_0}\right)=\pi\log\left(\frac{K_t/K_0}{L_t/L_0}\right)+\underbrace{\frac{(\sigma-1)\pi(1-\pi)}{2\sigma}}_{1}\left[\log\left(\frac{K_t/K_0}{L_t/L_0}\right)\right]^2+$$
$$\underbrace{[\pi\gamma_K+(1-\pi)\gamma_L]}_{2}t+\underbrace{\frac{(\sigma-1)\pi(1-\pi)}{2\sigma}(\gamma_K-\gamma_L)^2t^2}_{3} \tag{5-14}$$

利用式（5-14），代入 2003~2017 年县域平减后的农林牧渔业总产值、农业资本存量和农林牧渔业从业人员，利用固定效应模型估计出 π、1、2、3 的值，联立方程组可以得到 σ、γ_K 和 γ_L 的值。回归结果显示调整后的 $R^2=0.8991$，Prob>chi2=0.000，得到四个系数联立方程如下：

$$\begin{cases}\pi=0.5079\\ \dfrac{(\sigma-1)\pi(1-\pi)}{2\sigma}=0.0584\\ \pi\gamma_K+(1-\pi)\gamma_L=-0.0181\\ \dfrac{(\sigma-1)\pi(1-\pi)}{2\sigma}(\gamma_K-\gamma_L)^2=0.0062\end{cases} \tag{5-15}$$

求解式（5-15），得到：π = 0.5079，σ = 1.8773，$\gamma_K=0.1422$，$\gamma_L=-0.1836$，代入式（5-6）和式（5-7）可得到 2004~2017 年县域农业技术进步偏向的平均水平，其中哈罗德技术进步偏向指数为 0.0665，希克斯技术进步偏向指数为 0.1522，且资本和劳动的替代弹性约为 1.8773，即资本和劳动要素总替代，说明中国 2004~2017 年县域整体属于资本偏向型农业技术进步。

（2）要素增强型技术进步项变化率。假设产出只在资本和劳动两种要素之间分配，资本要素份额与劳动要素份额的比值表示要素收入份额比值，用 S 表示；在完全竞争市场中，要素价格等于其边际产出，得到表达式如下：

$$S_t=\frac{\gamma_tK_t}{\omega_tL_t}=\frac{MP_{K_t}K_t}{MP_{L_t}L_t}=\frac{\pi}{1-\pi}\left(\frac{\Gamma_t^KK_t}{\Gamma_t^LL_t}\right)^{\frac{\sigma-1}{\sigma}} \tag{5-16}$$

利用式（5-16）转换得到如下表达式：

$$\begin{cases}(\Gamma_t^KK_t)^{\frac{\sigma-1}{\sigma}}=S_t\dfrac{1-\pi}{\pi}(\Gamma_t^LL_t)^{\frac{\sigma-1}{\sigma}}\\ (\Gamma_t^LL_t)^{\frac{\sigma-1}{\sigma}}=\dfrac{1}{S_t}\dfrac{\pi}{1-\pi}(\Gamma_t^KK_t)^{\frac{\sigma-1}{\sigma}}\end{cases} \tag{5-17}$$

将式（5-17）代入式（5-8）中，得到：

$$\begin{cases} C\Gamma_t^K = \dfrac{Y_t}{K_t}\pi^{\frac{\sigma}{1-\sigma}}\left(1+\dfrac{1}{S_t}\right)^{\frac{\sigma}{1-\sigma}} \\ C\Gamma_t^L = \dfrac{Y_t}{L_t}(1-\pi)^{\frac{\sigma}{1-\sigma}}(1+S_t)^{\frac{\sigma}{1-\sigma}} \end{cases} \tag{5-18}$$

式中，S_t 等于资本和劳动要素收入份额之比，其他项均已知。农业劳动收入份额（LS）用2003~2017年县域农业劳动收入与农林牧渔业总产值的比值表示，而农业资本收入份额（KS）等于1减去劳动收入份额；其中农业劳动收入用县域农林牧渔业从业人员与农民人均纯收入的乘积表示。

在式（5-18）中可以得到 $C\Gamma_t^K$ 和 $C\Gamma_t^L$ 的值，则资本和劳动要素增强型技术进步项的增长率表达式如下：

$$\hat{\Gamma}_t^K = \frac{\Gamma_t^K - \Gamma_{t-1}^K}{\Gamma_{t-1}^K} = \frac{C\Gamma_t^K - C\Gamma_{t-1}^K}{C\Gamma_{t-1}^K} \tag{5-19}$$

$$\hat{\Gamma}_t^L = \frac{\Gamma_t^L - \Gamma_{t-1}^L}{\Gamma_{t-1}^L} = \frac{C\Gamma_t^L - C\Gamma_{t-1}^L}{C\Gamma_{t-1}^L} \tag{5-20}$$

把替代弹性和要素增强型技术进步项的增长率代入式（5-6）和式（5-7），可以得到2004~2017年县域希克斯和哈罗德农业技术进步偏向指数。

图5-1显示了2004~2017年县域希克斯和哈罗德农业技术进步偏向指数，可以发现哈罗德和希克斯技术进步偏向指数变化趋势基本一致。除了2004~2007年为负值外，其他年份均为正值，说明2004~2007年县域希克斯和哈罗德均属于劳动偏向型农业技术进步，而2008~2017年转变为资本偏向型农业技术进步，且2004~2014年希克斯和哈罗德农业技术进步偏向指数呈现逐步升高的趋势，2014~2017年出现逐渐下降的态势。

二、匹配分析

引入雷钦礼和徐家春（2015）构建的要素配置偏向性指数，来判断农业要素禀赋与技术进步偏向的匹配程度。从上面分析可知，技术进步偏向可以改变资本和劳动的边际产出比，而资本和劳动的相对投入变化（K_t/L_t）同样是影响要素边际产出比的关键，因此，只有当农业要素禀赋变化与技术进步偏向性相匹配时，才能有效促进农业结构的优化升级。具体公式如下：

$$F_t = \frac{1}{\Delta}\frac{\partial(MP_{K_t}/MP_{L_t})}{\partial(K_t/L_t)}\frac{d(K_t/L_t)}{dt} \tag{5-21}$$

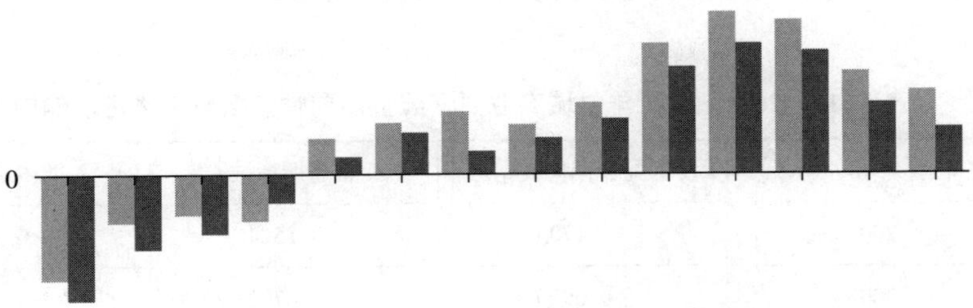

	2004	2005	2006	2007	2008	2009	2010	2011	2012	2013	2014	2015	2016	2017
希克斯指数	-0.15	-0.07	-0.06	-0.07	0.05	0.07	0.09	0.07	0.10	0.19	0.24	0.22	0.15	0.12
哈罗德指数	-0.18	-0.11	-0.09	-0.04	0.03	0.06	0.03	0.05	0.08	0.16	0.19	0.18	0.10	0.07

■希克斯指数 ■哈罗德指数

图 5-1　2004~2017 年县域农业技术进步偏向指数

式（5-21）中，F_t 为要素配置偏向性指数，表示由农业要素配置引起的资本和劳动要素边际产出比的变化率；K 和 L 分别表示农业资本和劳动力要素投入；MP_K 和 MP_L 分别表示农业资本和劳动力要素的边际产出。进一步化简得到：

$$F_t = \frac{1}{\sigma}\left(\frac{K_t}{L_t}\right)\frac{d(K_t/L_t)}{dt} = \frac{1}{\sigma}\left(\frac{\dot{K}_t}{K_t} - \frac{\dot{L}_t}{L_t}\right) \quad (5-22)$$

式（5-22）中，σ 仍然表示资本和劳动要素的替代弹性，右边括号两项分别表示资本和劳动要素相对投入的增长率，当资本要素投入增长率大于劳动要素投入增长率且要素替代弹性为正时，$F_t>0$ 表示要素配置偏向于资本；当资本要素投入增长率小于劳动要素投入增长率且要素替代弹性为正时，$F_t<0$ 表示要素配置偏向于劳动。代入 2004~2017 年县域农业相关数据，得到农业要素配置偏向性指数。

表 5-12 显示了 2004~2017 年县域农业要素配置偏向性指数与技术进步偏向指数，可以发现整体上农业要素配置偏向性指数与技术进步偏向指数均为正，表示均偏向于资本，说明整体上县域农业要素禀赋与技术进步偏向是相匹配的。分年份来看，2004~2006 及 2010 年县域农业要素配置偏向劳动，其他年份县域农业结构配置均偏向于资本，且除了 2007 年与 2010 年县域农业要素配置偏向与技术进步偏向不一致外，其他年份均相一致，说明绝大多数

年份县域农业要素禀赋变化与技术进步偏向是相匹配的。

表 5-12　2004~2017 年县域农业要素配置偏向性指数与技术进步偏向指数

年份	要素配置偏向性指数	希克斯指数	哈罗德指数
2004	−0. 1703	−0. 1524	−0. 1823
2005	−0. 0950	−0. 0702	−0. 1085
2006	−0. 0227	−0. 0592	−0. 0864
2007	0. 0312	−0. 0675	−0. 0412
2008	0. 0483	0. 0522	0. 0254
2009	0. 0848	0. 0746	0. 0605
2010	−0. 0007	0. 0907	0. 0333
2011	0. 0804	0. 0719	0. 0530
2012	0. 2273	0. 1034	0. 0803
2013	0. 3232	0. 1893	0. 1555
2014	0. 2628	0. 2352	0. 1895
2015	0. 3272	0. 2228	0. 1788
2016	0. 1664	0. 1489	0. 1033
2017	0. 1356	0. 1214	0. 0671
均值	0. 0999	0. 0686	0. 0377

资料来源：各年县域要素配置偏向性与技术进步偏向指数取均值得出。

三、实证检验

要素禀赋对农业结构升级的影响机理为：当农业要素禀赋变化和技术进步偏向性相一致时，即两者的偏向性均为同一种要素类型，则两者相匹配且共同作用对农业结构升级产生正向推动作用；当农业要素禀赋变化和技术进步的要素偏向性不相一致时，如农业技术进步偏向于资本要素，而资本要素在整个农业要素禀赋中的比重较低，此时农业技术进步偏向背离了农业要素禀赋结构变化，则认为两者作用可能会阻碍农业结构的升级。

本部分的解释变量为哈罗德指数，而希克斯指数作为后面的稳健性检验。实证检验的被解释变量为县域农业结构合理化、高级化和服务化指数；解释变量具体包括农业资本（K_i）、劳动力（L_i）和土地（T_i）要素禀赋系数，哈罗德技术进步偏向指数，农业资本和劳动力要素禀赋系数分别与哈罗德指数的交互项，解释变量具体描述性分析如表 5-13 所示（把稳健性检验的希克斯指数及交互项也放在表 5-13）。

表 5-13 解释变量的描述性统计

变量	变量名称	平均值	最大值	最小值	标准差
K_i	农业资本要素禀赋系数	0.8589	6.1524	0.0300	0.8004
L_i	农业劳动力要素禀赋系数	1.2179	3.9906	0.1366	0.5682
T_i	土地要素禀赋系数	1.2639	4.6524	0.2215	0.7304
Harrod	哈罗德技术进步偏向指数	0.0645	0.4687	-1.1634	0.2478
K_iHarrod	农业资本与哈罗德指数交互项	0.0154	0.2280	-1.4517	0.0732
L_iHarrod	农业劳动力与哈罗德指数交互项	0.0243	0.1991	-1.4464	0.1030
Hicks	希克斯技术进步偏向指数	0.1367	0.9844	-1.1958	0.3124
K_iHicks	农业资本与希克斯指数交互项	0.0327	0.5277	-1.4666	0.0883
L_iHicks	农业劳动力与希克斯指数交互项	0.0521	1.3453	-1.4528	0.1317

资料来源：根据原始数据的整理和计算。

由于第二节已经对农业结构升级量化指标进行了空间相关检验，因此，此处直接进行空间 SARAR 模型估计。从空间计量模型的估计结果看，与空间自回归系数（rho）和空间误差项系数（lambda）均显著且通过 1%显著性水平的检验，印证了 Moran's I 指数的检验结果，说明该实证部分采用空间计量模型的必要性。

表 5-14 空间 SARAR 模型估计结果

变量	gis	his	fis
T_i	-0.0675***	-0.0441***	0.2210*
	(0.0141)	(0.0103)	(0.125)

续表

变量	gis	his	fis
K_i	0.0094 ***	−0.0018 ***	0.4300 ***
	(0.0029)	(0.0006)	(0.0669)
L_i	−0.0501 ***	0.0345 **	−0.0265 *
	(0.0164)	(0.0123)	(0.0145)
Harrod	0.1332 ***	−0.3417 ***	1.5251 **
	(0.0430)	(0.0670)	(0.6728)
K_iHarrod	0.119 **	−0.1150 **	1.0810 **
	(0.0607)	(0.0489)	(0.4920)
L_iHarrod	−0.0407 **	0.0753 **	−1.6700 ***
	(0.0142)	(0.0356)	(0.3630)
rho	0.288 ***	0.291 ***	0.621 ***
	(0.0961)	(0.0988)	(0.0543)
lambda	0.344 ***	0.841 ***	0.948 ***
	(0.0961)	(0.1210)	(0.0859)
sigma2_e	0.0125 ***	0.0081 ***	0.8160 ***
	(0.0005)	(0.0003)	(0.0328)
常数项	0.8810 ***	0.0563 **	0.6020 **
	(0.1450)	(0.0243)	(0.3050)
观测值	24402	24402	24402
R^2	0.057	0.051	0.023
总样本量	1743	1743	1743

资料来源：Stata15.1 软件输出。***、**、*分别表示在1%、5%、10%的水平上显著；括号内为标准误。

从表5-14中的模型估计结果看，农业资本、劳动力和土地要素禀赋系数对农业结构升级影响结果与第三节中基本一致，在此不再赘述。哈罗德技术进步偏向指数对农业结构高级化和服务化有显著的正向影响，且分别通过了1%和5%显著性水平的检验，而对农业结构合理化的影响为负，通过了1%显著性水平的检验，说明农业技术进步偏向资本有利于农业结构的优化升级，原因可能是：一方面，农业技术进步偏向资本代表资本的边际产出增加，资本替代劳动力的速率提升，这样会进一步加快农业劳动力往生产率高的农业其他产业或非农产业转移，进而提高了农业结构的合理化水平；另一方面，农业技术进步偏向资本，表明资本要素带来的技术进步程度增加，尤其是农业机械化、信息化等技术进步的推广，这样必然会诱发农业服务业的快速发展，进而促进农业结构往高级化和服务化方面发展。

农业资本与技术进步偏向指数交互项对农业结构高级化和服务化的影响为正，对农业结构合理化的影响为负，且均通过了5%显著性水平的检验；而农业资本与技术进步偏向指数交互项对农业结构高级化和服务化的影响为负，且分别通过了5%和1%显著性水平的检验，对农业结构合理化的影响为正，通过了5%显著性水平的检验；说明农业要素禀赋和技术进步同时偏向资本时，会促进农业结构的合理化、高级化和服务化水平；这意味着当县域农业要素禀赋变化和技术进步偏向性相一致时，即两者均偏向资本要素时，两者相匹配共同作用对农业结构升级产生了正向的推动作用，结合县域农业要素禀赋现状来看，考察期内农业资本要素呈现不断增长的趋势且在要素禀赋结构中的份额也逐步升高，农业要素配置偏向资本日趋明显，而根据前面测度表明县域农业技术进步在绝大多数年份偏向资本，与农业要素禀赋结构变化相匹配，进而促进了县域农业结构的优化升级。

四、稳健性检验

（1）更换核心解释变量。借鉴戴天仕和徐现祥（2010）、陆雪琴和章上峰（2013）等的研究，更换希克斯技术进步偏向指数作为哈罗德指数的替代变量，进行稳健性检验，其他处理均不变。

表 5-15 更换为希克斯指数的模型估计结果

变量	gis	his	fis
T_i	-0.0666***	-0.0430***	0.2290*
	(0.0141)	(0.0103)	(0.1250)
K_i	0.0100***	-0.0014**	0.4230***
	(0.0032)	(0.0006)	(0.0667)
L_i	-0.0494***	0.0144*	-0.0402*
	(0.0164)	(0.0083)	(0.0260)

续表

变量	gis	his	fis
Hicks	0.0856**	-0.2512***	1.2931**
	(0.0340)	(0.0516)	(0.5189)
K_iHicks	0.1110**	-0.1170***	0.8540**
	(0.0505)	(0.0408)	(0.4100)
L_iHicks	-0.0295**	0.0588**	-1.2170***
	(0.0145)	(0.0278)	(0.2830)
rho	0.285***	0.288***	0.630***
	(0.0959)	(0.0989)	(0.0537)
lambda	0.343***	0.838***	0.943***
	(0.0961)	(0.1210)	(0.0860)
sigma2_e	0.0125***	0.0081***	0.8180***
	(0.0005)	(0.0003)	(0.0329)
常数项	0.8850***	0.0570**	0.5750*
	(0.1440)	(0.0243)	(0.3040)
观测值	24402	24402	24402
R^2	0.058	0.031	0.025
总样本量	1743	1743	1743

资料来源：Stata15.1软件输出。***、**、*分别表示在1%、5%、10%的水平上显著；括号内为标准误。

核心解释变量更换为希克斯技术进步偏向指数后模型结果显示，农业技术进步偏向指数对农业结构高级化和服务化影响显著为正，且均通过了5%显著性水平的检验；而对农业结构合理化有显著的负向影响，通过了1%显著性水平的检验。农业资本与技术进步偏向的交互项对农业结构高级化和服务化影响显著为正，对农业结构合理化影响为负；而农业劳动力与技术进步偏向的交互项对农业结构高级化和服务化有显著的负向影响，对农业结构合理化有显著的正向影响，说明县域农业要素禀赋变化与农业技术进步偏向相匹配，两者共同作用促进了县域农业结构的升级；且变量除了显著性水平与基准模型略有差异外，其他均与基准模型基本一致，说明更换核心解释变量后，得出的结论是稳健的。

（2）更换计量模型。本部分选择更换空间杜宾模型（SDM）重新对数据进行估计，来检验结论是否稳健，具体结果见表 5-16。

表 5-16 更换为空间 SDM 模型的估计结果

变量	gis	his	fis
T_i	-0. 0752***	-0. 0486***	0. 1080***
	(0. 0151)	(0. 0110)	(0. 0332)
K_i	0. 0054***	-0. 0022***	0. 3880***
	(0. 0008)	(0. 0001)	(0. 0669)
L_i	-0. 0703***	0. 0205*	-0. 3200**
	(0. 0181)	(0. 0114)	(0. 1550)
Harrod	0. 1151***	-0. 0528**	1. 0935**
	(0. 0336)	(0. 0282)	(0. 4741)
K_i Harrod	0. 108*	-0. 1120**	1. 2320**
	(0. 0598)	(0. 0487)	(0. 4830)
L_i Harrod	-0. 0728**	0. 0836**	-1. 4000***
	(0. 0351)	(0. 0367)	(0. 3650)
rho	0. 185*	0. 268**	0. 308***
	(0. 1070)	(0. 1050)	(0. 0817)
lambda	-1. 399***	-0. 903***	-2. 002***
	(0. 0973)	(0. 1230)	(0. 0856)
sigma2_e	0. 0121***	0. 0080***	0. 785***
	(0. 0004)	(0. 0003)	(0. 0315)
常数项	1. 285***	0. 164***	3. 655***
	(0. 1690)	(0. 0436)	(0. 5670)
观测值	24402	24402	24402
R^2	0. 072	0. 031	0. 022
总样本量	1743	1743	1743

资料来源：Stata15. 1 软件输出。*** 、** 、* 分别表示在 1%、5%、10%的水平上显著；括号内为标准误。

从空间 SDM 模型的估计结果看，可以分析哈罗德技术进步偏向越大，越有利于农业结构的高级化、合理化和服务化水平的提高；农业要素偏向资本且技术进步同时偏向资本时，可以促进农业结构的优化升级，更换模型后的估计结果与基准模型基本一致，因此，可认为更换计量模型后，相关结论仍然是稳健的。

（3）更换空间权重矩阵。选择更换空间邻接矩阵进行稳健性检验，空间邻接矩阵是按照空间邻接关系建立的矩阵，即两个县域若相邻为1，不相邻则为0，仍用空间 SARAR 模型进行估计，具体结果见表 5-17。

表 5-17 更换空间权重矩阵的估计结果

变量	gis	his	fis
T_i	-0.0679***	-0.0442***	0.1790**
	(0.0140)	(0.0103)	(0.0624)
K_i	0.0083***	-0.0023***	0.4280***
	(0.0027)	(0.0006)	(0.0659)
L_i	-0.0525***	0.0146*	-0.0447***
	(0.0163)	(0.0103)	(0.0143)
Harrod	0.1249**	-0.0572**	1.4030**
	(0.0529)	(0.0271)	(0.6638)
K_iHarrod	0.1150*	-0.1140**	1.0840**
	(0.0605)	(0.0490)	(0.4850)
L_iHarrod	-0.0453*	0.0745**	-1.5180***
	(0.0241)	(0.0356)	(0.3580)
rho	0.417***	0.303***	0.681***
	(0.0942)	(0.1030)	(0.0493)
lambda	0.314***	0.836***	0.957***
	(0.0969)	(0.1210)	(0.0858)
sigma2_e	0.0124***	0.0081***	0.793***
	(0.0004)	(0.0003)	(0.0319)
常数项	0.6910***	0.0546**	0.3720*
	(0.1410)	(0.0247)	(0.1940)
观测值	24402	24402	24402
R^2	0.049	0.020	0.024
总样本量	1743	1743	1743

资料来源：Stata15.1 软件输出。***、**、*分别表示在1%、5%、10%的水平上显著；括号内为标准误。

根据更换为空间邻接矩阵后的估计结果可以发现，哈罗德技术进步偏向资本有利于提高农业结构的高级化、合理化和服务化水平；而农业要素偏向资本且哈罗德技术进步也偏向资本时，两者相互作用可以促进农业结构的优化升级；得到的结论与基准模型基本一致，因此，可以认为更换空间权重矩阵后，得到的结论仍然是稳健的。

第五节 本章小结

本章在对数据进行空间相关性、多重共线性、BP 和 Hausman 检验的基础上，利用空间计量模型实证分析了要素禀赋对农业结构升级的影响及作用机理，并从三个方面对结果进行了稳健性检验。有以下几点研究发现：

第一，农业资本要素禀赋系数的提高可以促进农业结构合理化、高级化和服务化水平的提高，农业土地要素禀赋系数的提高仅可以促进农业结构合理化和服务化水平的提高，而农业劳动力要素禀赋系数升高阻碍了农业结构合理化、高级化和服务化水平的提升，即县域农业结构优化升级需要适当提高农业资本要素的相对丰裕程度，而适当降低劳动力要素的相对丰裕度。从东、中、西县域来看，土地要素相对丰裕可以促进中部和西部县域农业结构合理化水平的提高，但却仅可以促进中部县域农业结构高级化和合理化水平的提高；资本要素禀赋系数的提高可以显著促进东、中、西部县域农业合理化、高级化和服务化水平的提高，且对中部和西部县域的促进作用较大；劳动力要素的相对丰裕阻碍了东、中、西部县域农业合理化、高级化和服务化水平的提高，同样对中部和西部县域的阻碍作用较大。

第二，采用农业要素禀赋结构指数作为核心解释变量的替代变量，进一步实证结果显示农业资本要素禀赋结构指数的升高可以显著提高县域农业结构的合理化、高级化和服务化水平，而农业劳动力要素禀赋结构指数的升高却不利于县域农业结构的合理化、高级化和服务化水平的提高；因此，要促进县域农业结构升级需打破约束障碍，继续推进农业生产的要素流动，适度提高资本要素在农业要素禀赋结构中的比例，而适当降低劳动力要素在农业要素禀赋结构中的比例。

第三，基于技术进步偏向视角分析了要素禀赋对农业结构升级的影响机理，发现2004~2017年县域整体属于资本偏向型农业技术进步，且要素配置偏向于资本；绝大多数年份农业要素配置偏向与农业技术进步偏向相匹配；通过实证分析验证了县域农业要素禀赋与农业技术进步偏向同时偏向资本时，两者共同作用可以促进县域农业结构的合理化、高级化和服务化水平的提高，且技术进步偏向资本有利于农业结构的升级。

| 第六章 |

县域农业全要素生产率测度、变化及收敛分析

本章首先运用 DEA-Malmquist 指数法，测度 2004~2017 年中国县域农业全要素生产率，并对全要素生产率指数进行分解；其次通过县域、整体和不同区域间来分析县域农业全要素生产率的动态演变趋势；最后利用经典收敛回归模型，对县域整体及东、中、西区域的农业全要素生产率的收敛性进行了检验，分别从 δ 收敛、绝对 β 收敛和条件 β 收敛等方面进行收敛检验并揭示条件收敛的影响因素。

本章的结构安排如下：第一部分是研究方法及数据处理；第二部分是县域农业全要素生产率测度及动态演变；第三部分是县域农业全要素生产率收敛检验及分析；第四部分是本章小结。

第一节　研究方法及数据处理

一、研究方法

（1）Malmquist 指数法。Malmquist 指数法是对全要素生产率的增长率进行测算和分解的一种非参数模型方法，该指数用 Shepard 提出的距离函数来定义，将全要素生产率分解为技术效率和技术进步（汪慧玲等，2014）。本书将采用该方法测算 2004~2017 年县域的农业全要素生产率及分解指数，具体公式如下：

$$M_0^t(X^{t+1},\ Y^{t+1},\ X^t,\ Y^t)=\sqrt{\frac{D_0^t(X^{t+1},\ Y^{t+1})}{D_0^t(X^t,\ Y^t)}\times\frac{D_0^{t+1}(X^{t+1},\ Y^{t+1})}{D_0^{t+1}(X^t,\ Y^t)}}$$

$$=\frac{D_0^{t+1}(X^{t+1},\ Y^{t+1})}{D_0^t(X^t,\ Y^t)}\times\sqrt{\frac{D_0^t(X^{t+1},\ Y^{t+1})}{D_0^{t+1}(X^{t+1},\ Y^{t+1})}\times\frac{D_0^t(X^t,\ Y^t)}{D_0^{t+1}(X^t,\ Y^t)}} \tag{6-1}$$

$$=ECH(X^{t+1},\ Y^{t+1},\ X^t,\ Y^t)\times TCH(X^{t+1},\ Y^{t+1},\ X^t,\ Y^t)$$

式（6-1）中，$t=1,\ \cdots,\ \pi$ 表示时期，Y_0^t 表示产出，X_0^t 表示投入，ECH 代表技术效率，TCH 代表技术进步，$D_0^t(X^t,\ Y^t)$ 是生产者在 t 时期的产出距离函数，式（6-1）中 Malmquist 指数大小取决于技术效率和技术进步的共同作用。当 Malmquist>1 时，说明从 t 期到 t+1 期的全要素生产率增长率是上升的，反之下降；当 TCH>1 时，说明从 t 期到 t+1 期出现技术进步，反之出现技术后退；当 ECH>1 时，说明从 t 期到 t+1 期技术效率提高，反之降低。在规模报酬可变假设下，技术效率可进一步分解为纯技术效率和规模效率，具体公式如下：

$$M_0^t(X^{t+1},\ Y^{t+1},\ X^t,\ Y^t)=\frac{D_0^{t+1}(X^{t+1},\ Y^{t+1},\ C)\ /D_0^{t+1}(X^{t+1},\ Y^{t+1},\ V)}{D_0^t(X^t,\ Y^t,\ C)/D_0^t(X^t,\ Y^t,\ V)}\times$$

$$\frac{D_0^{t+1}(X^{t+1},\ Y^{t+1},\ V)}{D_0^t(X^t,\ Y^t,\ V)}\times\sqrt{\frac{D_0^t(X^{t+1},\ Y^{t+1})}{D_0^{t+1}(X^{t+1},\ Y^{t+1})}\times\frac{D_0^t(X^t,\ Y^t)}{D_0^{t+1}(X^t,\ Y^t)}}$$

$$=PECH\times SECH\times TCH \tag{6-2}$$

式（6-2）中，C 表示规模报酬不变；V 表示规模报酬可变；PECH 表示纯技术效率；SECH 表示规模效率。

（2）空间计量模型的构建。考虑到宏观经济变量间可能存在的空间相关关系，及空间距离会对区域全要素生产率产生影响（张浩然，2012），本部分将建立空间计量模型对相关假说进行验证。在具体的模型选择方面，本部分选用空间误差模型（SEM）来进行农业全要素生产率的绝对 β 和条件 β 收敛检验。空间 SEM 模型具体形式为：

$$Y=\beta X+\varepsilon,\ \varepsilon=\rho W\varepsilon+\mu \tag{6-3}$$

式（6-3）中，Y 表示被解释变量，X 为自变量，β 表示自变量的估计系数，W 为各种形式的空间权重矩阵，ρ 是 $n\times1$ 阶因变量向量的空间误差系数，ε 是随机误差项，μ 为服从正态分布的随机误差向量。

二、数据处理

测度农业全要素生产率的投入指标数据选取2003~2017年中国1743个县域的数据，时间跨度为15年，总样本量为26145组；由于Malmquist指数法测度的结果是全要素生产率的增长率，是以2003年为基期年，因此，DEAP输出的结果为2004~2017年，这样在第七章的实证分析中，所用数据为2004~2017年，时间跨度变为14年，总样本量变为24402组。

第二节 县域农业全要素生产率测度及动态演变

一、县域农业全要素生产率测度

测度县域农业全要素生产率前需要确定产出和投入指标，产出指标选择县域农林牧渔业总产值，且以2003年为基期，利用农林牧渔业指数进行平减；投入指标包括资本、土地、劳动力等相关指标（见表6-1）。

表6-1 农业全要素生产率指数测度指标

指标类型	变量名称	变量解释
产出指标	农业总产出	平减后的农林牧渔业总产值（万元）
投入指标	农业劳动力投入	农林牧渔业从业人员（万人）
	农业机械投入	农业机械总动力（万千瓦）
	农业化肥投入	农用化肥施用量（万吨）
	农业灌溉投入	有效灌溉面积（万公顷）
	土地投入	农作物播种面积（万公顷）

本部分用农业要素的实物投入作为农业全要素生产率测度的投入指标，其中产出指标：县域每年平减后的农林牧渔业总产值。投入指标：①劳动要

素投入指标用县域每年农林牧渔业从业人员表示；②资本要素投入指标包括农业机械投入、化肥投入和灌溉投入，各指标分别用县域农业机械化总动力、化肥施用折纯量和有效灌溉面积表示；③土地要素投入指标用县域每年农作物总播种面积表示。把产出投入指标录入 DEAP2.1 软件得到 2004~2017 年 1743 个县域的农业全要素生产率，由于 DEA-Malmquist 指数法测度全要素生产率是以第一年为基期，测度指数从第二年开始，因此得到的是 2004~2017 年的农业全要素生产率的值。

二、县域农业全要素生产率动态演变趋势

(1) 县域整体农业全要素生产率时间变化趋势分析。图 6-1 呈现了 2004~2017 年中国县域整体农业全要素生产率（根据县域每年全要素生产率的均值所得）的变化趋势，可以发现县域整体农业全要素生产率及分解指数有以下几点规律。

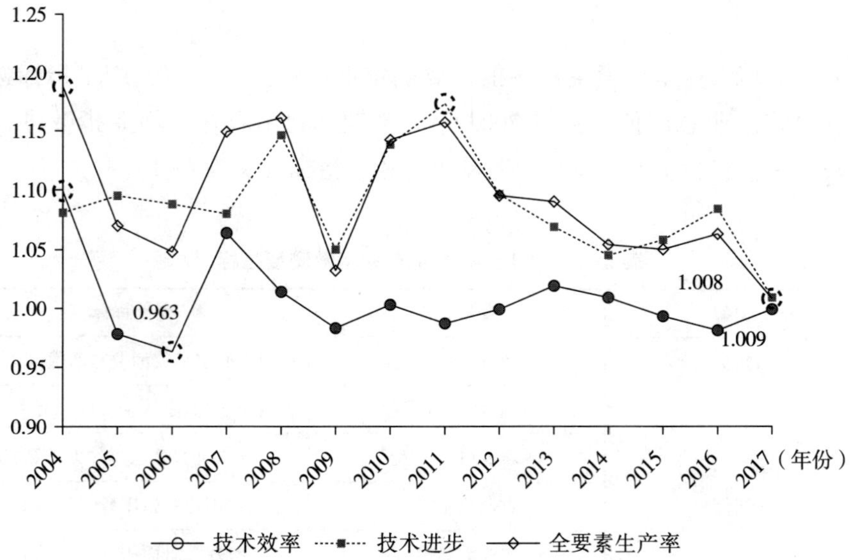

图 6-1　2004~2017 年中国县域整体农业全要素生产率及分解指数

第一，2004~2017 年中国县域整体农业全要素生产率呈现波动中下降的趋势，但考察期内农业全要素生产率均处于正向增长的状态，其中最高点出

现在 2004 年，农业全要素生产率增长率增长了 18.80%，最低点出现在 2017 年，增长率仅增长了 0.80%；2004~2009 年农业全要素生产率波动较明显，而 2009~2017 年农业全要素生产率出现了逐渐下降的态势，这可能与经济整体的“结构性减速”有关，随着工业化阶段“结构性加速”向城市化阶段“结构性减速”转换，中国经济进入了以“三期叠加”和“三重冲击”为特征的经济发展新常态阶段（于斌斌，2015），要素流动带来的产业结构变迁，可能也会对农业结构造成影响，要素进入生产率低如服务业的部门或产业，进而带来了农业全要素生产率增长率的降低。

第二，从农业全要素生产率指数的分解来看，2004~2017 年中国县域整体技术进步呈现波动性下降的趋势，考察期内技术进步均处于正向增长阶段，技术进步指数最高值出现在 2011 年，增长 17.30%，而最低值在 2017 年出现，仅增长 0.90%；2004~2008 年和 2009~2011 年县域整体技术进步出现了两个明显的增长阶段，这可能与国民经济的“结构性加速”引起的技术溢出有关，2011~2017 年受经济“结构性减速”的影响，农业技术进步增长率同样出现了逐渐下降的趋势；2004~2017 年中国县域整体技术效率相比来看波动较平稳，但技术效率在较多年份出现了负增长，如 2015~2017 年连续出现负增长；同时除了 2004~2007 年呈现先降后升的“U”形特征外，2007~2017 年出现了逐渐下降的趋势，但下降程度不大，最大值出现在 2004 年，技术效率增长 9.90%，最小值出现在 2006 年，技术效率增长率下降 3.70%。

第三，纵向对比看，2004~2017 年农业全要素生产率和技术进步指数整体上均大于技术效率指数，说明中国县域整体的技术效率水平相对较低；从增长源泉来看，中国县域整体农业全要素生产率与技术进步的变化趋势相似且变化步调基本一致，表明技术进步水平的提高是县域整体农业全要素生产率增长的主要源泉。

（2）县域整体农业全要素生产率空间变化趋势分析。表 6-2 显示了中国县域农业全要素生产率指数及分解的变化，发现各省份县域农业全要素生产率增长率均处在正向增长状态，年均上升 9.20%，技术进步上升了 8.60%，技术效率提高了 0.60%，说明中国各省份县域农业全要素生产率的增长同样主要由技术进步来拉动，而技术效率的拉动作用微弱。其中广东省县域的农业全要素生产率增长率最快，增长了 13.20%，主要通过技术进步拉动，技术进步提高 10.20%；宁夏回族自治区县域的农业全要素生产率增长率最慢，仅增长了6.40%，主要是技术效率增长率的降低导致，技术效率降低了0.60%。

表6-2 中国县域农业全要素生产率指数及分解

省份	全要素生产率	技术进步	技术效率	纯技术效率	规模效率
河北	1.0850	1.0930	0.9930	0.9840	1.0090
山西	1.0770	1.0810	0.9960	0.9950	1.0010
内蒙古	1.0890	1.1020	0.9880	0.9840	1.0050
辽宁	1.0720	1.0840	0.9890	0.9890	1.0000
吉林	1.0660	1.0990	0.9700	0.9640	1.0060
黑龙江	1.1280	1.1010	1.0250	1.0170	1.0070
江苏	1.1220	1.1020	1.0460	1.0380	1.0070
浙江	1.0850	1.0850	1.0000	1.0000	1.0000
安徽	1.0990	1.0850	1.0130	1.0020	1.0110
福建	1.1090	1.1090	1.0000	1.0000	1.0000
江西	1.0790	1.0790	0.9990	0.9970	1.0020
山东	1.0950	1.0910	1.0040	1.0000	1.0040
河南	1.0920	1.0920	1.0000	1.0040	0.9960
湖北	1.1310	1.0900	1.0380	1.0110	1.0260
湖南	1.0730	1.0780	0.9950	0.9980	0.9970
广东	1.1320	1.1020	1.0280	1.0000	1.0280
广西	1.0870	1.0710	1.0140	1.0260	0.9890
海南	1.0680	1.0680	1.0000	1.0000	1.0000
重庆	1.0770	1.0710	1.0060	1.0040	1.0010
四川	1.0790	1.0720	1.0060	1.0050	1.0010
贵州	1.1230	1.0740	1.0180	1.0000	1.0180
云南	1.0750	1.0750	0.9990	1.0090	0.9910
陕西	1.1200	1.0830	1.0340	1.0410	0.9930
甘肃	1.0840	1.0770	1.0060	1.0050	1.0010
宁夏	1.0640	1.0710	0.9940	1.0000	0.9940
新疆	1.0900	1.0940	0.9960	1.0000	0.9960
平均值	1.0920	1.0860	1.0060	1.0030	1.0030

资料来源：DEAP 2.1软件输出县域结果，根据县域结果按省份取均值得出。

从各省份县域农业技术效率指数及其分解来看，技术效率的增长率偏低，其中有10个省份的技术效率增长率出现负增长，江苏省县域的技术效率增长率上升最快，上升4.60%，这主要是由于纯技术效率的提高拉动的，其纯技术效率提高了3.80%，而规模效率作用微弱，仅增长0.70%；吉林省县域的技术效率下降最明显，下降了3.00%，这主要是由于纯技术效率的下滑导致，其纯技术效率下降3.60%。农业全要素生产率与技术进步的变化趋势相似，且技术进步对农业全要素生产率的年均贡献率达到93.48%，而技术效率贡献率仅为6.52%，这与中国县域整体的驱动特征大体相似，说明技术进步是县域整体农业全要素生产率增长的主要驱动力，即这一时期农业全要素生产率的提高依靠技术进步的“单轨驱动”来实现。

（3）县域农业全要素生产率动态演变趋势分析。县域农业全要素生产率在2003~2007年呈现区域性及阶段性的规律，2003~2009年中部县域农业全要素生产率呈现先升后降又上升的态势，而东部部分县域农业全要素生产率与中部县域规律相反，呈现先降后升又下降的趋势；新疆维吾尔自治区县域农业全要素生产率有逐渐升高的迹象，而东北省份县域农业全要素生产率在2003年、2009年和2013年呈现逐渐上升的趋势，到2017年有下降的迹象。

（4）不同区域县域农业全要素生产率动态变化趋势分析。图6-2呈现了2004~2017年东、中、西部县域农业全要素生产率及分解指数的变化，可以发现以下规律。

第一，横向比较来看，2004~2017年东部县域农业全要素生产率呈现波动中下降的趋势，且考察期内农业全要素生产率增长率均为正向增长状态，其中在2004年达到最高点，增长率增长18.21%，在2017年达到最低谷，增长率仅增长1.60%；从全要素生产率指数的分解来看，2004~2017年东部县域农业技术进步和技术效率均呈现波动中缓慢下降的态势，技术进步在2011年上升最快，增长17.59%，而技术效率在2004年增长最快，增长7.19%；从增长源泉来看，东部县域农业技术进步和全要素生产率指数的变化趋势基本一致，说明技术进步是东部县域农业全要素生产率的增长源泉；从东部县域农业技术效率指数的分解来看，纯技术效率和规模效率均呈缓慢下降的趋势，规模效率与技术效率的趋势变化大体相似，为技术效率的增长源泉。

2004~2017年中部县域农业全要素生产率、技术进步及技术效率均呈现波动中下降的态势，其中农业全要素生产率增长率在2004年增长22.63%，

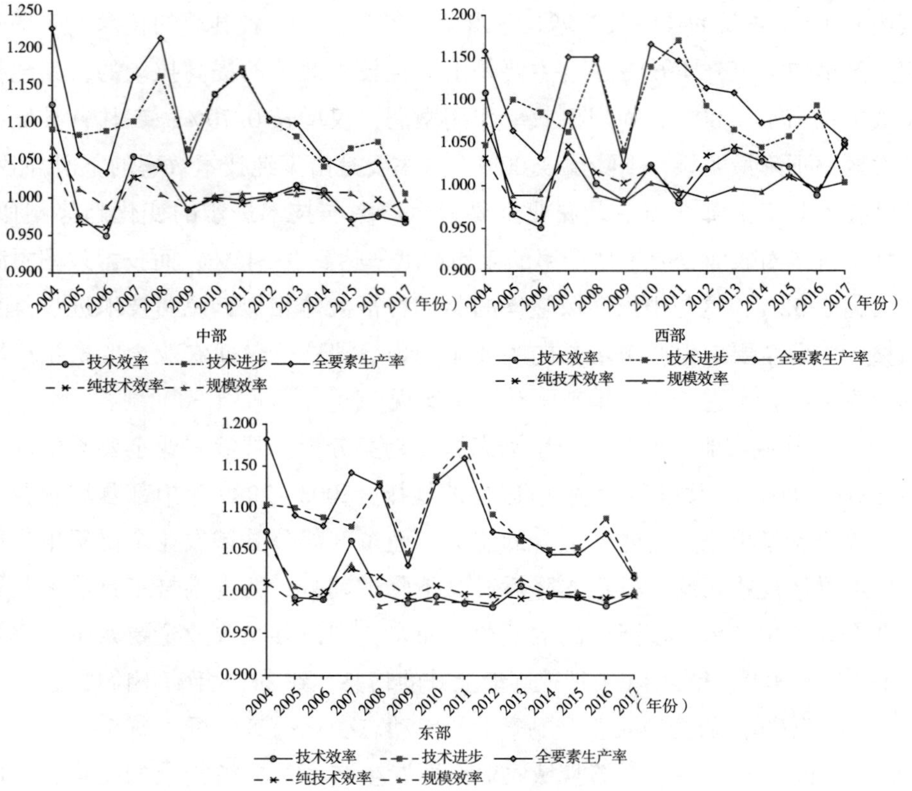

图 6-2　2004~2017 年东、中、西区域县域农业全要素生产率及分解指数

成为增长最快的年份，而在 2017 年增长率首次出现负增长，下降了 2.88%；技术进步在 2011 年增长最快，增长 17.21%，而在 2017 年增长最缓慢，仅增长 0.50%；技术效率在 2004 年提升最快，提升 12.41%，而在 2006 年降低最明显，降低了 5.10%。从增长源泉来看，同东部相似，技术进步为中部县域农业全要素生产率的主要驱动力；规模效率是中部县域农业技术效率的增长源泉。

2004~2017 年西部县域农业全要素生产率和技术进步波动幅度较大且呈现下降的趋势，其中农业全要素生产率最高点出现在 2010 年，增长 16.58%，最低点出现在 2009 年，仅增长 2.29%；而技术进步水平在 2011 年提升最快，提升 17.30%，而 2017 年提升最慢，仅提升 0.38%；技术效率呈现波动中缓慢上升的趋势，但在多数年份出现了负增长，尤其在 2006 年下降了 4.91%。

从增长源泉来看，技术进步同样是西部县域农业全要素生产率的增长源泉，而西部县域农业技术效率与纯技术效率的变化趋势基本一致，因此，技术效率是靠纯技术效率“单轨驱动”。

第二，纵向比较来看，中、东、西部县域农业全要素生产率指数呈现依次递减的趋势，中部县域农业全要素生产率上升最快，这可能是由于中部县域粮食主产区省份较多，这些省份相对较重视农业生产，资本和劳动力要素的配置效率相对较高，且人均耕地面积相对较多，容易形成规模经营，进而提升了农业全要素生产率；从技术进步来看，东部县域技术进步水平最高，中部县域其次，而西部县域技术进步水平最低，这可能是与地区经济发展水平有关，西部区域由于经济、地理等因素，在农业生产中遇到的阻力较大，技术进步的创新和推广困难较大，导致技术进步水平提高较慢；从技术效率来看，东部和中部县域的农业技术效率要高于西部县域，这可能也是由于经济发展水平等因素影响所致。

第三节 县域农业全要素生产率收敛检验及分析

收敛是指低发展水平的经济体在长期的发展过程中向高发展水平的经济体逐渐趋近和靠拢的过程，因此收敛也被称为趋同。农业生产属于农业经济发展的范畴，毫无疑问属于经济增长的研究对象，具有普遍意义，但由于土地这一生产要素的不可流动性又决定了农业生产的特殊性；收敛意味着政策制定者需要考虑的是收敛的速度问题，而条件收敛则意味着政策制定者需要考虑的是如何改善经济增长的外部条件实现经济趋同，且不同的收敛形式会得出不同的政策含义，因此，探索研究农业全要素生产率的收敛变化趋势，解释农业全要素生产率收敛的影响因素，对于减少县域间农业生产效率水平差距，推进各地区农业经济协调发展具有重要的理论和实践意义。

在对县域农业全要素生产率测度分解的基础上，下面利用经典收敛模型对县域农业全要素生产率、技术效率和技术进步进行 δ 收敛、绝对 β 收敛和条件 β 收敛检验，并对收敛趋势进行分析，且探索条件 β 收敛的影响因素。

经济学研究的收敛主要分为两个部分：一是绝对收敛，包括 δ 收敛和绝

对 β 收敛；二是相对收敛，即条件 β 收敛，在相对收敛的基础上可以进一步测算是否具有绝对收敛的性质。

一、δ 收敛及分析

总结关于 δ 收敛的文献，检验方法主要有泰尔指数、变异系数、δ 系数及对数离差均值系数等，由于以上测度方法本质含义大体一致，本部分采用变异系数法来检验县域农业全要素生产率及分解指数的 δ 收敛，δ 收敛是指不同县域间农业全要素生产率、技术效率和技术进步趋于统一稳态，即发散程度在逐步降低，若 δ 值降低，表明发散程度在降低，若 δ 值呈现逐渐降低的趋势，则证明收敛是存在的。

δ 收敛检验的具体公式如下：

$$S=\sqrt{\frac{\sum_{i=1}^{n}(x_{it}-\overline{x_t})^2}{n}} \tag{6-4}$$

$$CV=\frac{S}{\overline{x_t}} \tag{6-5}$$

式（6-4）中，x_{it} 表示 i 县域在 t 时期的农业全要素生产率（技术效率或技术进步），n 表示县域数量，$\overline{x_t}$ 表示 t 时期 n 个县域农业全要素生产率（技术效率或技术进步）的均值，S 为 t 时期 n 个县域农业全要素生产率（技术效率或技术进步）的标准差，式（6-5）中，CV 表示变异系数。

（1）县域农业全要素生产率及分解的变异系数变化趋势。把 2004～2017 年县域农业全要素生产率及分解指数代入式（6-4）和式（6-5）中，得到每年县域农业全要素生产率、技术效率和技术进步的变异系数（见表 6-3）。

表 6-3　2004～2017 年县域农业全要素生产率及分解指数的变异系数

年份	全要素生产率	技术效率	技术进步	纯技术效率	规模效率
2004	0.0549	0.0637	0.0414	0.0392	0.0461
2005	0.0438	0.0519	0.0238	0.0425	0.0368
2006	0.0402	0.0403	0.0129	0.0400	0.0139
2007	0.0565	0.0596	0.0467	0.0495	0.0406

续表

年份	全要素生产率	技术效率	技术进步	纯技术效率	规模效率
2008	0.0586	0.0457	0.0376	0.0605	0.0343
2009	0.0593	0.0560	0.0278	0.0468	0.0251
2010	0.0640	0.0644	0.0081	0.0537	0.0327
2011	0.0475	0.0437	0.0199	0.0445	0.0194
2012	0.0369	0.0354	0.0180	0.0318	0.0186
2013	0.0401	0.0357	0.0177	0.0435	0.0246
2014	0.0358	0.0393	0.0138	0.0382	0.0167
2015	0.0463	0.0535	0.0192	0.0498	0.0159
2016	0.0556	0.0425	0.0336	0.0342	0.0321
2017	0.0641	0.0559	0.0359	0.0448	0.0179
均值	0.0503	0.0491	0.0255	0.0442	0.0268

表6-3呈现了2004~2017年县域农业全要素生产率及分解指数变异系数的动态变化，从整体均值来看，农业全要素生产率及分解的变异系数均不大，全要素生产率、技术效率和技术进步变异系数分别为0.0503、0.0491和0.0255，说明农业全要素生产率及分解的发散程度不大。考察期内，县域农业全要素生产率变异指数呈现波动中上升的趋势，说明县域间农业全要素生产率的差距有逐渐拉大的迹象，其中最高值出现在2017年，变异系数为0.0641，最低值出现在2012年，变异系数为0.0369，且2010~2014年变异系数逐渐下降，说明该时期县域间农业全要素生产率有收敛的趋势，但2014~2017年变异系数逐年升高，说明县域间农业全要素生产率呈现发散的迹象，即县域间效率差距在逐渐拉大。

从全要素生产率的分解来看，考察期内县域间农业技术效率呈现波动中下降的趋势，说明县域间技术效率的差距有减小的趋势，其中最高点出现在2004年，变异系数达到0.0637，2012年出现最低点，变异系数为0.0354；而考察期内县域间农业技术进步出现了波动中略微下降的趋势，其中2007~2010年下降趋势明显，说明该时期技术进步出现了收敛的迹象，而2010~2017年变异系数呈逐年上升趋势，说明该时期内县域间农业技术进步出现发散的现象，差距逐渐加大。对比全要素生产率及分解的变异系数来看，全要素生产率和技术效率的变异系数要明显大于技术进步，说明县域间农业技术进步的差距相对较小；从县域整体各变异系数来看，均没有呈现逐渐下降的趋势，说明县域农业全要素生产率、技术进步和技术效率均没有出现显著的 δ 收敛。

（2）不同区域间县域农业全要素生产率及分解的变异系数变化趋势。由于不同地区要素禀赋、经济条件及制度环境等因素存在差异，有必要分区域来分析农业全要素生产率变异系数的变化趋势。仍然沿用之前的东、中、西部分组，分组所得结果如图 6-3 所示。

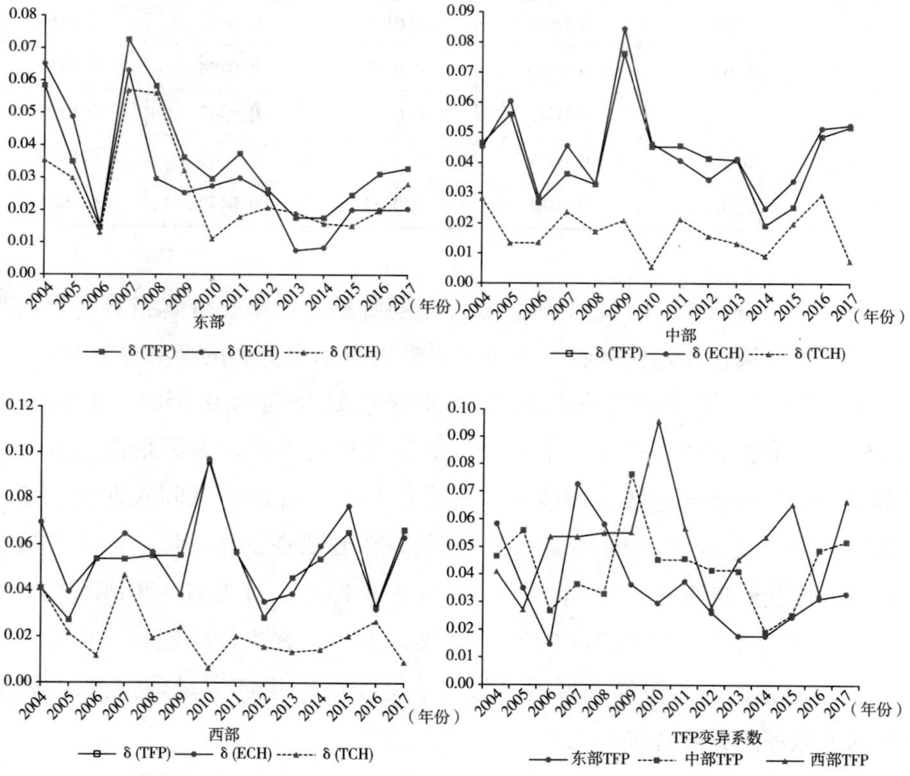

图 6-3　2004~2017 年东、中、西部县域农业全要素生产率及分解变异系数

图 6-3 展示了不同区域间县域农业全要素生产率、技术效率和技术进步变异系数的动态变化，可以发现考察期内东部县域农业全要素生产率和技术效率的变异系数均呈现波动中下降的趋势，其中 2007~2014 年两者变异系数呈逐步下降的趋势，说明该时期东部县域农业全要素生产率和技术效率有收敛的趋势，即县域间全要素生产率和技术效率的差距在逐渐减小，但两者变

异系数从2014年开始有缓慢升高的趋势，说明近几年东部县域农业全要素生产率和技术效率差距有增大的迹象；而东部县域农业技术进步变异系数整体上并没有呈现下降的趋势，仅在2004~2006年和2007~2010年两个阶段变异系数下降较明显，说明这两个时期县域间的农业技术进步差距有减小的迹象。

2004~2017年中部县域农业全要素生产率和技术效率变异系数的变化步调基本一致，其中最高点均在2007年，系数分别为0.0762、0.0845，最低点均出现在2014年，变异系数分别为0.0192、0.0250，2009~2014年中部县域农业全要素生产率和技术效率变异系数逐步下降，该阶段有收敛的趋势，但2014~2017年变异系数逐渐升高，说明县域间全要素生产率和技术效率的变异系数有发散的迹象，而县域农业技术进步在考察期内变化幅度较小，说明农业技术进步在县域间的差距不大；同时对比中部变异系数可以发现农业全要素生产率和技术效率变异系数明显大于技术进步的变异系数，这说明农业全要素生产率和技术效率在区域间的差距相对较大，但整体来看中部县域并未呈现显著的δ收敛。

考察期内西部县域农业全要素生产率、技术效率和技术进步变异系数与中部地区变化趋势相似，但整体上西部县域的变异系数要大于中部县域的变异系数，其中全要素生产率和技术效率波动较明显且考察期内并未呈现下降的趋势，即整体上两者并未出现显著的δ收敛；而西部县域农业技术进步考察期内呈现波动中下降的趋势，尤其在2007~2010年下降趋势明显，可以说该时期出现了收敛的迹象。

从东、中、西部县域农业全要素生产率变异系数的对比来看，东部县域农业全要素生产率呈现波动中下降的趋势，说明考察期内东部全要素生产率在县域间差距有缩小的趋势，而其他两个地区并未呈现明显下降趋势；从变异系数值的对比看，东、中、西部县域农业全要素生产率呈现依次递增的规律，说明东部县域间农业全要素生产率差距相对较小，而西部县域间农业全要素生产率差距最大，中部县域次之；这可能是由于东部区域经济发展水平较高，要素流动频繁且技术溢出效应较强，使农业全要素生产率在县域间的差距不大，西部县域由于地理位置、经济发展等因素的影响，要素流动且技术溢出阻碍较大，导致县域间农业全要素生产率很难趋于同一稳态，因此效率的差距较大。整体来看，东、中、西部县域农业全要素生产率均未呈现显著的δ收敛。

二、绝对 β 收敛及分析

（1）绝对 β 收敛检验原理。绝对 β 收敛是指县域农业全要素生产率在不考虑地区资源禀赋、技术及制度等初始条件下，随着农业经济发展逐渐趋于同一稳态，即农业全要素生产率较低的县域通过实现较快增长，可以缩小或达到农业全要素生产率较高县域的效率水平。县域由于地理位置上的邻近关系使得其地区间经济属性值之间可能存在空间相关性，若利用传统计量模型可能会导致模型的估计结果有偏，因此，本部分建立空间计量模型对县域农业全要素生产率进行绝对 β 收敛检验，在 Barro 等（1992）提出的绝对 β 收敛方程的基础上建立空间误差模型，具体如下：

$$\ln\left(\frac{Y_{i,t+1}}{Y_{i,t}}\right)=c+\beta\ln Y_{i,t}+u_i+v_{it} \tag{6-6}$$

式（6-6）中，c 表示常数项，v_{it} 表示随机误差项，u_i 表示空间效应；$Y_{i,t}$ 表示 i 县域在 t 时期的农业全要素生产率（技术效率或技术进步），则公式左边项代表 i 县域从 t 时期到 t+1 时期的农业全要素生产率的变化率（技术效率或技术进步）；β 代表 $\ln Y_{i,t}$ 的系数项，若 β 系数项为负且通过显著性检验，则说明县域农业全要素生产率（技术效率或技术进步）存在绝对 β 收敛，反之不存在绝对 β 收敛。

$$\beta=-(1-e^{-\gamma}) \tag{6-7}$$

$$v_{it}=\lambda(I_t\otimes W_N)+\varepsilon_{it} \tag{6-8}$$

$$\tau=\ln\left(\frac{2}{\gamma}\right) \tag{6-9}$$

式（6-7）、式（6-8）和式（6-9）中，γ 表示收敛速度，λ 表示空间误差系数，ε 服从正态分布，I_t 为 14 维单位矩阵，W_N 为单位空间权重矩阵，权重矩阵为邻接矩阵，按照空间邻接关系建立，若两个县相邻为 1，不相邻则为 0；τ 表示收敛的半生命周期，半生命周期是指消除低效率地区与高效率地区之间差距的一半所需要的年数。

（2）绝对 β 收敛估计结果分析。利用空间误差模型（SEM）对县域农业全要素生产率、技术效率及技术进步分别进行绝对 β 收敛检验，借助 Stata15.1 软件输出，具体结果见表 6-4。估计前先对所用数据进行 Hausman 检验，通过 Hausman 检验发现伴随概率均为 0.0000，拒绝原假设，因此，说明在“固定效应”和“随机效应模型”之间，本部分数据更应采用“固定效应模型”。

表 6-4 绝对β收敛估计结果

变量	TFP	ECH	TCH
c	0.0674*** (0.0037)	0.0087*** (0.0027)	0.0396*** (0.0027)
β	-0.1008*** (0.0291)	-0.1044*** (0.0281)	-0.1036*** (0.0300)
lambda	0.7760*** (0.0386)	0.6570*** (0.0549)	0.8960*** (0.0188)
sigma2_e	0.0076*** (0.0003)	0.0079*** (0.0003)	0.0031*** (0.0001)
Hausman	69.52***	73.83***	30.81***
观测值	24402	24402	24402
R^2	0.393	0.473	0.337
总样本量	1743	1743	1743

资料来源：Stata15.1软件输出。***、**、*分别表示在1%、5%、10%的水平上显著；括号内为标准误。

从表6-4的检验结果看，空间误差项系数（lambda）均通过了1%显著性水平的检验，且系数为正，验证了采用空间计量模型的必要性，且说明农业全要素生产率、技术效率和技术进步的收敛效应为正。三个模型中β收敛系数的估计值均通过了1%显著性水平的检验，且系数均为负，分别为-0.1008、-0.1044和-0.1036，表明县域农业全要素生产率、技术效率和技术进步均发生了绝对β收敛，即县域间农业全要素生产率、技术效率和技术进步正逐渐趋于同一稳定水平。

进一步推算收敛速度和半生命周期，结果显示县域农业全要素生产率的收敛速度为10.62%，对应的半生命周期为2.93年；县域农业技术效率的收敛速度为11.02%，对应的半生命周期为2.89年；而县域农业技术进步的收敛速度为10.93%，对应的半生命周期为2.91年。

剖析技术效率和技术进步收敛的原因，可以尝试从以下方面理解：①对于县域间农业技术效率的收敛，一方面，由于生产效率较低的县域一般生产规模较小，通过规模效率的提高容易形成规模效率递增的优势，而生产效率高的县域，生产规模较大，有时容易出现规模效率递减的现象，这样两者规模效率的差异形成了县域间农业技术效率的收敛；另一方面，生产效率较低的县域，纯技术效率提升空间较大，而生产效率较高的县域，纯技术效率由于初始值较高，提升幅度有限，这样纯技术效率的差异也会形成县域间技术效率的收敛。②对于县域间农业技术进步的收敛，一方面，由于各地方积极促进农业技术的推广，加之经济发展和基础设施的不断完善，区位优势逐渐弱化，农业技术在县域间的传播推广较快，形成了县域间农业技术进步差距逐渐缩小；另一方面，由于技术进步较快的县域更需要引进农业技术创新来带动技术进步，而技术进步较慢的县域主要通过技术推广就可实现技术进步，相对来看更容易实现，进而促进县域间农业技术进步的收敛。

县域间农业全要素生产率的收敛可以从农业技术效率和技术进步收敛的原因进行理解：一方面，农业全要素生产率较低的县域由于规模效率和纯技术进步的提升空间较大，通过技术效率的收敛促进了县域农业全要素生产率的收敛；同样，农业全要素生产率较低的县域也可以通过技术推广，使技术进步提升速度加快，进而促进县域间农业全要素生产率的收敛。另一方面，县域间随着农业资本、土地、劳动力要素的不断流动，要素流动在产业间形成有效配置，促进了农业结构的优化升级，进而提升了要素的边际报酬，推进了县域间农业全要素生产率的收敛。

三、条件 β 收敛及影响因素

（1）变量选取。对于新古典经济学的绝对收敛观点，新经济增长理论有不同的观点，认为需要考虑不同地区要素禀赋、经济发展水平、技术和制度等初始条件，初始条件不同，得到的收敛结论可能会存在较大差异，因此，下一步对县域农业全要素生产率及分解指数进行条件 β 收敛，并探索其影响因素。

本部分参考学者的相关研究并结合县域农业全要素生产率收敛的特点，除了核心解释变量效率值外，选取的其他解释变量主要包括两部分：第一，农户和县域自身禀赋因素，包括劳均耕地面积、劳均资本量、农民人均纯收入等变量；第二，经济与外部环境因素，包括人均 GDP、第一产业投资、财政收入占比、产业结构、农业财政支出占比、城镇化率等变量。具体变量的描述性统计见表 6-5。

表 6-5 解释变量的描述性统计

变量	变量名称	平均值	最大值	最小值	标准差
PL	劳均耕地面积（公顷/人）	0.1881	0.9950	0.0599	0.1079
PC	劳均资本量（万元/人）	0.2067	5.2432	0.0011	0.3646
PG	人均 GDP（万元）	1.9901	11.9880	0.0807	1.6534
FM	农民人均纯收入（万元）	0.5172	1.7799	0.0469	0.3380
IN	农业资产投资（亿元）	3.7971	59.6318	0.0027	6.0648
IS	产业结构（%）	86.1111	109.5529	52.0260	10.4756
FR	财政收入占比（%）	5.7473	35.3240	0.4776	3.6511
FE	财政支出占比（%）	22.9792	46.3454	3.3464	19.0612
AE	农业财政支出占比（%）	15.0225	36.9427	3.8700	5.7316
UR	城镇化率（%）	18.8024	53.8640	3.9667	8.1782
RE	农村用电量（万千瓦小时）	0.6833	4.9160	0.0110	0.7448

资料来源：根据原始数据的整理和计算。

在变量选取的基础上，建立以下空间误差模型：

$$\ln\left(\frac{Y_{i,t+1}}{Y_{i,t}}\right)=c+\beta_1\ln Y_{i,t}+\beta_2 PL+\beta_3 PC+\beta_4 PG+ \qquad (6-10)$$

$$\beta_5 FM+\beta_6 IN+\beta_7 IS+\beta_8 FR+\beta_9 FE+\beta_{10} AE+\beta_{11} UR+\beta_{12} RE+u_i+v_{it}$$

式（6-10）中，β_1 表示 i 县域在 t 时期的农业全要素生产率（技术效率或技术进步）的估计系数，β_2，…，β_{12} 表示其他解释变量的估计系数。

（2）条件 β 收敛估计结果分析。利用空间误差模型（SEM）对县域农业全要素生产率、技术效率及技术进步分别进行条件 β 收敛的检验，借助 Stata15.1 软件输出，具体结果见表 6-6。估计前先对所用数据进行 Hausman 检验，通过 Hausman 检验发现伴随概率均为 0.0000，拒绝原假设，因此，说明在“固定效应”和“随机效应模型”之间，本部分数据更应采用“固定效应模型”。

表 6-6 条件 β 收敛估计结果

变量	TFP	ECH	TCH
β_1	-0.1015***	-0.1048***	-0.1049***
	(0.0292)	(0.0280)	(0.0300)
PG	-0.0008	-0.0044	0.0033
	(0.0037)	(0.0038)	(0.0024)
FM	-0.0642*	-0.0553*	0.0094
	(0.0334)	(0.0320)	(0.0227)
IN	-0.0026*	-0.0008	-0.0016
	(0.0015)	(0.0015)	(0.0009)
FR	0.0027**	0.0012	0.0016*
	(0.0013)	(0.0014)	(0.0008)
IS	0.0016**	0.0018**	0.0042***
	(0.0007)	(0.0007)	(0.0004)
FE	0.0004	0.0007*	-0.0001
	(0.0004)	(0.0004)	(0.0002)
AE	-0.0012	-0.0012	-0.0013**
	(0.0010)	(0.0010)	(0.0006)
UR	-0.0008	-0.0012	0.0003
	(0.0015)	(0.0015)	(0.0009)
RE	0.0178	0.0098	0.0084
	(0.0115)	(0.0117)	(0.0072)
PL	-0.1710*	0.0793	-0.231***
	(0.1030)	(0.1040)	(0.0656)
PC	0.0715***	0.0511*	0.0329**
	(0.0261)	(0.0265)	(0.0167)
lambda	0.757***	0.627***	0.899***
	(0.0432)	(0.0602)	(0.0186)
sigma2_e	0.0074***	0.0078***	0.0029***
	(0.0003)	(0.0003)	(0.0001)
Hausman	105.19***	83.06***	87.23***
观测值	24402	24402	24402
R^2	0.398	0.454	0.299
总样本量	1743	1743	1743

资料来源：Stata15.1 软件输出。***、**、*分别表示在 1%、5%、10%的水平上显著；括号内为标准误。

从表6-6空间误差模型的估计结果来看，空间误差项系数（lambda）均通过了1%显著性水平的检验，且系数为正，验证了利用空间计量模型的必要性，且说明农业全要素生产率、技术效率和技术进步的收敛效应为正。农业全要素生产率、技术效率和技术进步的估计系数 β_1 均通过1%显著性水平的检验，且系数均为负，说明县域全要素生产率、技术效率和技术进步均存在条件β收敛；进一步推算收敛速度和半生命周期，结果显示县域农业全要素生产率收敛速度为10.15%，对应的半生命周期为2.98年，县域农业技术效率收敛速度为10.48%，相应的半生命周期为2.95年，而县域农业技术进步收敛速度为10.49%，对应的半生命周期为2.94年。出现收敛的原因可能是各县域要素禀赋、技术、制度和经济发展水平等因素的差异，不同县域会逐步收敛到各自不同的稳态水平。

从影响因素的估计结果来看，农民人均纯收入对县域农业全要素生产率和技术效率收敛的影响均为负，且均通过了10%显著性水平的检验，表明农民人均纯收入的提高有利于县域农业全要素生产率和技术效率的收敛，而对县域农业技术进步的影响却不显著，这可能是由于随着农民收入的提高，劳动力机会成本升高，农业部门相对非农部门收益率较低，则劳动力会更多地流向非农部门，导致劳动力要素在农业生产中的投入份额下降，而农业劳动力要素相对下降会促进农业结构升级，因此，农业结构升级进一步促进农业全要素生产率提升，进而促进其收敛。第一产业投资对农业全要素生产率的影响为负，表明投资提高会促进农业全要素生产率的收敛，原因可能是农业基础设施的投资占第一产业投资很大比例，因此第一产业投资的增加，会促进农业基础设施的完善，进而提高要素的利用效率，从而促进县域农业全要素生产率提升，不同县域农业全要素生产率更容易趋于各自的稳态形成收敛。

产业结构变量对县域农业全要素生产率、技术效率和技术进步收敛影响为正，且分别通过了5%、5%和1%显著性水平的检验，说明第二、第三产业的发展不利于农业全要素生产率、技术效率和技术进步的收敛，这是由于第二、第三产业的快速发展会吸收农业中大量的要素，进而挤压第一产业的发展，不利于各县域农业全要素生产率、技术效率和技术进步趋向各自稳定水平，即不利于收敛。劳均耕地面积对农业全要素生产率和技术进步收敛的影响为负，且分别通过了10%和1%显著性水平的检验，表明劳均耕地面积的扩大有利于农业全要素生产率和技术进步形成收敛，可能是由于劳均耕地面积的扩大会促进农业规模经营，产生规模经济，进而提高要素生产率，使不同县域趋向各自稳定状态形成收敛。劳均资本量对县域农业全要素生产率及分解的收敛影响为正，表明其增加不利于县域农业全要素生产率及分解形成收敛。

第四节　本章小结

本章测度了2004~2017年中国县域的农业全要素生产率；分县域整体、不同区域间来分析农业全要素生产率的时间维度变化及空间差异；利用经典收敛回归模型，对县域整体及东、中、西区域的农业全要素生产率的收敛性进行了检验，分别从δ收敛、绝对β收敛和条件β收敛方面检验农业全要素生产率、技术效率和技术进步是否存在收敛，进而探索其影响因素。主要结论总结如下：

第一，2004~2017年中国县域整体农业全要素生产率呈现波动中下降的趋势，其中农业全要素生产率和技术进步指数整体上均大于技术效率指数，县域整体的技术效率水平相对较低；技术进步水平的提高是县域整体农业全要素生产率增长的主要源泉。不同区域农业全要素生产率存在差异，中、东、西部县域农业全要素生产率指数呈现依次递减的趋势，中部县域整体上农业全要素生产率上升最快。

第二，县域农业全要素生产率、技术效率和技术进步的变异系数值均不大，但波动较明显，且考察期内并未呈现显著的下降趋势，即县域农业全要素生产率、技术效率和技术进步均未出现明显的δ收敛趋势。

第三，县域农业全要素生产率、技术效率和技术进步均存在显著的绝对β收敛现象，且县域农业技术效率的绝对收敛速度略快，县域农业技术进步收敛速度次之，而县域农业全要素生产率的绝对收敛速度较慢。

第四，县域农业全要素生产率、技术效率和技术进步均出现了显著的条件β收敛趋势；其中农民人均纯收入、第一产业投资和劳均耕地面积的提高有利于县域农业全要素生产率的收敛，而产业结构、财政收入和劳均资本量阻碍了县域农业全要素生产率的收敛。

| 第七章 |

结构升级对农业全要素生产率的影响

农业结构升级作为农业全要素生产率增长的重要驱动因素，通过优化农业资源配置来改善要素结构（秦天等，2017），提高农业全要素生产率。目前，农业生产中要素的不断流动与变化带来了农业结构变迁，而农业结构变迁是否可以促进农业全要素生产率的提升？农业结构升级与全要素生产率之间是否存在非线性的关系？这些问题在本章会得到解答。

本章结构安排如下：第一部分是研究方法与变量设定；第二部分是空间相关检验；第三部分是空间计量模型和门槛回归模型估计结果的分析；第四部分是稳健性检验；第五部分是本章小结。

第一节　研究方法与变量设定

一、研究方法

（1）空间计量模型。考虑到宏观经济变量间可能存在的空间相关关系，及空间距离会对区域全要素生产率产生影响（张浩然，2012），将建立空间计量模型对相关假说进行验证。在具体的模型选择方面，由于空间模型的空间滞后项和空间误差项可能会同时存在，因此需要引入带空间自回归误差项的空间自回归模型（SARAR）进行分析（孙学涛等，2017）。SARAR 模型具体形式为：

$$Y=\rho WY+X\beta+\mu，\mu=\lambda W\mu+\varepsilon \tag{7-1}$$

式（7-1）中，Y 表示被解释变量，X 为解释变量，W 为各种形式的空间权重矩阵，β 为系数值，ε 是随机扰动项，$\varepsilon \sim N(0, \sigma^2 I_n)$，λ 是空间误差项系数，ρ 是空间自回归系数。

（2）门槛回归模型。农业结构升级对农业全要素生产率可能表现出非线性的影响，即存在门槛效应，需要探索门槛变量。Hansen B. E.（1999）提出的门槛估计方法（Threshold Regression）可通过统计推断来获得门槛值的个数及大小，被学者们广泛接受，建立门槛估计模型对相关假说进行估计。门槛模型的基本形式为（以单门槛为例）：

$$Y = \mu + \beta'_1 XI(q \leqslant \gamma) + \beta'_2 XI(q > \gamma) + \varepsilon \tag{7-2}$$

式（7-2）中，Y 为被解释变量，X 为解释变量，q 为门槛变量，γ 为未知的门槛值，β 为系数值，ε 为随机扰动项，I（·）为示性函数。门槛值及个数由样本数据决定，而门槛值 γ 的获得原理是由残差平方和 $SSR_1(\gamma) = \varepsilon_i(\gamma)'\varepsilon_i(\gamma)$ 得到参数估计值，残差平方和最小化时的 $\hat{\gamma}$ 则为最优门槛值，即 $\hat{\gamma} = \arg\min SSR_1(\gamma)$（Hansen B. E.，1999）。类似地，双门槛模型与多门槛模型的表达式及门槛值同理可得。

二、变量设定

农业全要素生产率指数作为被解释变量之一，同时为了分析农业结构升级对农业全要素生产率的作用路径，全要素生产率的分解指数即技术效率和技术进步也作为被解释变量，这样被解释变量为农业全要素生产率、技术效率和技术进步指数。

（1）核心解释变量。核心解释变量为农业结构合理化（his）、农业结构高级化（gis）和农业结构服务化（fis）。农业结构合理化（his）和高级化（gis）指标均用前文测度的农业结构合理化和高级化指数来表示；而农业结构服务化（fis）用农林牧渔服务业产值与农林牧渔业总产值的比率来衡量。

劳均耕地（PL）和劳均资本（PC）分别作为门槛变量，其中劳均耕地（PL）用县域常用耕地面积与农林牧渔业从业人员的比率来表示，而劳均资本（PC）用农业资本存量与农林牧渔业从业人员的比率来表示。劳均耕地（PL）和劳均资本（PC）增加，代表农业结构升级的规模约束减小，从而促进农业全要素生产率的提升（见表 7-1）。

表 7-1 被解释变量和核心解释变量的描述性统计

类型	变量	变量名称	平均值	最大值	最小值	标准差
被解释变量	TFP	农业全要素生产率指数	1.0974	1.2100	0.7060	0.1158
	TCH	农业技术进步指数	1.0851	1.2130	0.8050	0.0907
	ECH	农业技术效率指数	1.0141	1.2430	0.6500	0.0989
核心解释变量	his	农业结构合理化指数	0.1819	0.7626	-0.2783	0.1158
	gis	农业结构高级化指数	1.4559	2.2193	0.7205	0.1860
	fis	农业结构服务化指数	3.0823	18.5061	0.2080	2.1514
门槛变量	PL	劳均耕地（公顷/人）	0.1881	0.9950	0.0599	0.1079
	PC	劳均资本（万元/人）	0.2067	5.2432	0.0011	0.3646

资料来源：根据原始数据的整理和计算。

（2）其他解释变量。现实经济中，影响农业全要素生产率的因素较多，在参考朱满德等（2015）、王兵等（2011）相关研究基础上，结合本书内容，选取以下指标作为控制变量（见表 7-2）。

表 7-2 其他解释变量的描述性统计

变量	变量名称	平均值	最大值	最小值	标准差
PM	单位面积机械化水平（千瓦/公顷）	7.4426	29.6749	0.6087	4.4651
PF	单位面积化肥施用量（吨/公顷）	0.2771	0.7887	0.0287	0.1362
PI	单位面积灌溉水平	0.2575	2.0300	0.0094	0.2289
PG	人均 GDP（万元）	1.9901	11.9880	0.0807	1.6534
AP	第一产业占比（%）	13.8481	47.9740	0.7493	10.4020
AE	农业财政支出占比（%）	15.0225	36.9427	3.8700	5.7316
UR	城镇化率（%）	18.8024	53.8640	3.9667	8.1782
RE	农村用电量（万千瓦小时）	0.6833	4.9160	0.0110	0.7448

资料来源：根据原始数据的整理和计算。

具体而言，单位面积机械化水平（PM）：用县域农业机械化总动力与农作物播种面积的比率表示，该指标是资本要素投入程度的衡量指标之一，反映了对劳动要素的替代能力，该值越高，表示对劳动要素的替代越大。单位面积化肥施用量（PF）：用县域农用化肥施用折纯量与农作物播种面积的比率来表示，化肥施用量在合理范围内，比率越高，越有助于农作物生长，越有利于农业生产。若超出合理范围，比率越高，长期看不利于农业生产的可持续发展。单位面积灌溉水平（PI）：用县域有效灌溉面积与农作物播种面积比率来表示，有效灌溉面积是衡量农田水利设施等基础设施水平的重要指标，有效灌溉面积越大，表明农田水利设施越完善。人均 GDP 是衡量一个地区经济发展水平高低的重要指标，用县域的人均生产总值来表示。第一产业占比（AP）：用第一产业产值占地区生产总值比重来表示。农业财政支出占比（AE）：农业财政支出是农业政策的重要表现指标，农业财政支出越高，该地区农业生产投入资本往往也越高，用县域农林水事务支出占财政支出比重表示。城镇化率（UR）：城镇化率是衡量地区城镇化推进程度的关键指标，用县域城镇人口占常住人口比重来表示城镇化率。农村用电量（RE）：农村用电量是农业发展的衡量指标，用县域农村用电量来表示。

第二节　空间相关检验

一、空间相关关系检验

在构建空间计量模型之前需要对被解释变量进行空间相关关系检验，本章仍然采用 Moran's I 指数进行检验，结果如表 7-3 所示。

表 7-3　2004~2017 年 Moran's I 指数检验结果

年份	全要素生产率	技术效率	技术进步
2004	0.090***	0.086***	0.120***
2005	0.072***	0.105***	0.171***
2006	0.017**	0.032***	0.057***
2007	0.005**	0.007*	0.006***
2008	0.017**	0.012*	0.018**
2009	0.081***	0.099***	0.120***

续表

年份	全要素生产率	技术效率	技术进步
2010	0.001 *	0.007 *	0.072 ***
2011	0.018 ***	0.128 ***	0.029 ***
2012	0.078 ***	0.123 ***	0.034 ***
2013	0.019 **	0.013 *	0.060 ***
2014	0.014 ***	0.084 ***	0.096 ***
2015	0.011 ***	0.079 ***	0.151 ***
2016	0.009 ***	0.077 ***	0.155 ***
2017	0.007 ***	0.075 ***	0.159 ***

资料来源：Stata15.1 软件输出。***、**、* 分别表示在 1%、5%、10%的水平上显著。

从 Moran's I 指数的检验结果看，县域间农业全要素生产率均存在显著的空间相关关系。形成空间相关关系的原因可能有以下两点：一是地理位置相邻县域的资源禀赋特征相近，相近的要素禀赋可能会导致县域间的农业全要素生产率相关；二是地理位置相邻县域间经济活动等交流更为便捷，有利于县域间的要素、技术和市场交流，产生空间溢出效应，且 Moran's I 指数为正值，说明这种空间相关关系表现为正向的空间溢出效应，即邻接县域的农业全要素生产率会受到彼此的正向影响。

二、多重共线性检验

在模型估计前对数据进行检验，先进行变量的多重共线性检验。第一步，进行相关系数检验，检验结果显示变量之间相关性系数最高值为 0.4423，表明变量间的相关性不大；第二步，进行方差膨胀因子检验，表 7-4 的检验结果显示：VIF 的最大值为 3.64，膨胀因子 VIF 的均值为 2.17。通过相关性分析和 VIF 检验结果综合分析可以判定本部分所选变量之间不存在多重共线性（见表 7-4）。

表 7-4 变量方差膨胀因子 VIF 检验结果

变量	VIF	1/VIF	变量	VIF	1/VIF
PC	3.64	0.2750	PM	1.85	0.5393

续表

变量	VIF	1/VIF	变量	VIF	1/VIF
AP	2.85	0.3511	PI	1.69	0.5915
PG	2.83	0.3534	PF	1.68	0.5936
gis	2.63	0.3808	UR	1.53	0.6541
his	2.53	0.3959	AE	1.51	0.6608
PL	2.18	0.4587	fis	1.34	0.7466
RE	2.05	0.4883	均值	2.17	0.4992

资料来源：Stata15.1 软件输出。

三、BP 及 Hausman 检验

通过 BP 检验发现对应的伴随概率均为 0.0000，拒绝原假设，说明“随机效应”模型要优于“混合回归”模型，因此应选择“随机效应模型”；进一步采用 Hausman 检验显示伴随概率分别为 0.0000、0.0029 和 0.0000，拒绝原假设，说明在“固定效应”模型优于“随机效应模型”，因此本部分数据应选择“固定效应模型”（见表 7-5）。

表 7-5 BP 和 Hausman 检验结果

模型	TFP	ECH	TCH
BP	877.03*** (0.0000)	2866.92*** (0.0000)	4821.34*** (0.0000)
Hausman	111.17*** (0.0000)	37.47** (0.0029)	97.04*** (0.0000)
观测值	24402	24402	24402
总样本量	1764	1764	1764

资料来源：Stata15.1 软件输出。***、**、*分别表示在 1%、5%、10%的水平上显著；括号内为标准误。

第三节 实证结果分析

一、空间计量模型的估计结果

（1）县域整体空间计量模型估计结果。从空间计量模型的估计结果看，首先，空间自回归系数（rho）与空间误差项系数（lambda）均显著，印证了 Moran's I 指数的检验结果，说明本部分采用空间计量模型的必要性；其次，加入农业结构合理化、高级化和服务化变量二次项后，空间 SDM 和 SARAR 模型结果均显示对农业全要素生产率有显著的影响，说明农业结构各量化指标对农业全要素生产率可能存在非线性的影响。本部分的基准模型为空间 SARAR 模型，空间 SDM 模型的检验结果与空间 SARAR 模型结果相近，下面基于空间 SARAR 模型展开分析（见表 7-6）。

表 7-6 空间计量模型估计结果

变量	SARAR			SDM		
	TFP	ECH	TCH	TFP	ECH	TCH
gis	0.0426***	0.0043	0.0375***	0.0461***	0.0137	0.0352**
	(0.0127)	(0.0223)	(0.0121)	(0.0137)	(0.0240)	(0.0162)
his	-0.1510***	-0.0879**	-0.0418***	-0.1670***	-0.1110***	-0.0404*
	(0.0400)	(0.0352)	(0.0129)	(0.0402)	(0.0363)	(0.0245)
fis	-0.0053***	-0.0026*	-0.0019**	-0.0055***	-0.0032**	-0.0021**
	(0.0015)	(0.0013)	(0.0009)	(0.0015)	(0.0013)	(0.0009)
gis2	0.2210**	0.1770**	0.0205	0.1910**	0.1501*	0.0136
	(0.0981)	(0.0896)	(0.0606)	(0.0974)	(0.0903)	(0.0608)
his2	-0.1970***	-0.2020	0.0693	-0.1380***	-0.191	0.0914
	(0.0176)	(0.1620)	(0.1090)	(0.0176)	(0.163)	(0.1100)
fis2	0.0005**	0.0008***	0.0004***	0.0005*	0.0004**	0.0005***
	(0.0002)	(0.0002)	(0.0001)	(0.0003)	(0.0002)	(0.0001)

续表

变量	SARAR			SDM		
	TFP	ECH	TCH	TFP	ECH	TCH
PL	0. 0695 *** (0. 0200)	0. 0675 * (0. 0346)	0. 0615 *** (0. 0234)	0. 0875 *** (0. 0251)	0. 0851 ** (0. 0358)	0. 0747 *** (0. 0242)
PC	0. 1150 *** (0. 0142)	0. 0431 *** (0. 0129)	0. 0595 *** (0. 0087)	0. 1230 *** (0. 0148)	0. 0404 *** (0. 0136)	0. 0652 *** (0. 0091)
PG	0. 0066 ** (0. 0028)	0. 0019 (0. 0025)	0. 0028 (0. 0017)	0. 0053 * (0. 0029)	0. 0021 (0. 0026)	0. 0020 (0. 0018)
AE	−0. 0004 (0. 0006)	−0. 0004 (0. 0005)	0. 0002 (0. 0003)	−0. 0001 (0. 0007)	−0. 0005 (0. 0006)	0. 0005 (0. 0004)
UR	0. 0003 (0. 0004)	0. 0004 (0. 0003)	−0. 0002 (0. 0002)	0. 0001 (0. 0004)	0. 0003 (0. 0004)	−0. 0002 (0. 0002)
PM	0. 0024 *** (0. 0008)	0. 0004 (0. 0007)	0. 0021 *** (0. 0005)	0. 0023 ** (0. 0009)	0. 0010 (0. 0008)	0. 0015 *** (0. 0005)
PF	−0. 0470 (0. 0289)	−0. 0773 *** (0. 0241)	0. 0451 *** (0. 0163)	−0. 0521 * (0. 0294)	−0. 0940 *** (0. 0255)	0. 0511 *** (0. 0172)
PI	−0. 0275 (0. 0172)	0. 0038 (0. 0144)	−0. 0373 *** (0. 0097)	−0. 0255 (0. 0172)	−0. 0087 (0. 0150)	−0. 0259 ** (0. 0101)
RE	0. 0222 *** (0. 0055)	0. 0162 *** (0. 0047)	0. 0049 (0. 0032)	0. 0205 *** (0. 0056)	0. 0156 *** (0. 0050)	0. 0028 (0. 0034)
AP	0. 0019 *** (0. 0004)	0. 0012 *** (0. 0004)	0. 0001 (0. 0002)	0. 0021 *** (0. 0004)	0. 0015 *** (0. 0004)	0. 0028 (0. 0032)
rho	0. 709 *** (0. 0447)	0. 612 *** (0. 0587)	0. 864 *** (0. 0222)	0. 506 *** (0. 0723)	0. 506 *** (0. 0710)	0. 788 *** (0. 0351)
lambda	0. 348 *** (0. 0991)	0. 283 ** (0. 1312)	0. 541 *** (0. 1576)	—	—	—
sigma2_e	0. 0099 *** (0. 0004)	0. 0086 *** (0. 0003)	0. 0039 *** (0. 0001)	0. 0097 *** (0. 0003)	0. 0084 *** (0. 0003)	0. 0038 *** (0. 0001)
常数项	0. 5080 *** (0. 0731)	0. 5590 *** (0. 0740)	0. 1250 *** (0. 0388)	1. 0870 *** (0. 3990)	0. 3380 ** (0. 1330)	0. 4330 * (0. 2430)
观测值	24402	24402	24402	24402	24402	24402

续表

变量	SARAR			SDM		
	TFP	ECH	TCH	TFP	ECH	TCH
R^2	0.157	0.045	0.173	0.246	0.105	0.435
总样本量	1764	1764	1764	1764	1764	1764

资料来源：Stata15.1 软件输出。***、**、*分别表示在1%、5%、10%的水平上显著；括号内为标准误。

第一，农业结构高级化指标（gis）对农业全要素生产率（TFP）的影响分析。估计结果显示农业结构高级化对农业全要素生产率有显著的正向影响，且通过了1%显著性水平的检验，影响系数为0.0426，表明农业结构高级化表现出显著的“规模效应”，农业结构高级化水平的提高可以形成对农业全要素生产率的提升作用；农业结构高级化的本质是农业结构由之前的种植业为主导转向非种植业产业倾斜尤其是农业服务业。一方面，随着农业结构由低级向高级的转变，打破了原有种植业独立缓慢发展的传统农业发展格局，改变了要素投入产出结构，进而提高了生产率；另一方面，随着农业服务业的快速发展，在农业要素在不同部门间流动后，服务业可以对农业要素进行有效配置，提高要素的边际生产率如农业机械化的服务可以大大地提升劳动生产率；而农业结构高级化变量的二次项系数也为正，说明农业结构高级化与农业全要素生产率之间可能存在非线性关系。

第二，农业结构合理化指标（his）对农业全要素生产率（TFP）的影响分析。估计结果显示农业结构合理化指标对农业全要素生产率的影响为正，且通过了1%显著性水平的检验，影响系数为-0.1510，由于农业结构合理化指数与合理化水平机理相反，说明农业结构合理化水平的提高有利于农业全要素生产率的提升。产业结构合理化是产业间协调程度和要素资源有效利用程度的反应（于春晖等，2011）。由于农业部门间的生产效率存在差异，农业要素从低生产率部门流向高生产率部门，要素的重新配置形成了产出的增加，进而带来了农业全要素生产率的提升；同时农业不同部门通过比较优势要素的利用，提升了要素生产率。我国的农业结构变迁主要是农业农村大量劳动力向非农或农业内部转移，同时劳动力要素的流动带来了资本要素的流入，使得农业结构逐渐趋于合理化，这种基于要素禀赋变化的农业结构合理化的进程带来了农业全要素生产率的提升。农业结构合理化指标二次项同样对农业全要素生产率有显著正向影响，表明两者之间可能存在非线性影响，但影响程度需要进一步探索。

第三，农业结构服务化指标（fis）对农业全要素生产率的影响分析。估计结果显示农业结构服务业对农业全要素生产率有显著的负向影响，且通过了1%显著性水平的检验，影响系数为-0.0053，说明农业服务业产值占比的提高，阻碍了农业全要素生产率的提升，农业结构的服务化并未表现出“规模效应”，这与一些学者的研究结论并不一致（盛丰，2014；刘奕等，2017；丁博等，2019）；而农业结构服务化指标的二次项对全要素生产率的影响为正，说明农业结构服务化与农业全要素生产率之间可能是非线性U形的关系，即当农业结构服务化水平低于特定值时，会阻碍农业全要素生产率的提升，而当服务化水平高于特定值时，阻碍作用转变为促进作用进而提升农业全要素生产率；这可以从我国农业服务业现状来分析，2018年我国农业服务业产值达5865.4亿元，比2017年增加了512.4亿元，但农业服务业产值占农业总产值的比重仅由2017年的4.91%提高到2018年的5.16%，说明我国农业服务业还未形成规模，难以形成对农业全要素生产率的促进作用，但随着农业服务业规模的提升，可能会对农业全要素生产率形成提升作用。

第四，农业结构升级各指标对农业全要素生产率的影响路径分析。从模型结果来看，农业结构高级化指标对技术进步有显著的正向影响，且通过了1%显著性水平的检验，表明农业结构越趋于高级化，越有利于技术进步水平的提升；而农业结构高级化对技术效率没有通过显著性检验，即农业结构高级化水平的提高对技术效率的提升效果不明显，说明农业结构高级化对农业全要素生产率的提升作用主要通过技术进步的提升来实现，技术效率作用不明显；由此结果可以分析我国农业结构高级化主要通过农业技术创新与推广如种植业新品种的研发、农业信息化的发展等方式促进农业技术进步，来提高农业要素的投入效率进而提高农业全要素生产率。农业结构合理化指标对农业技术进步和技术效率均有正向影响，且分别通过了5%和1%显著性水平的检验，表明农业结构趋于合理化可以促进农业技术进步和技术效率的提高，从而提高农业全要素生产率，即农业结构合理化对于农业全要素生产率的提升路径是通过技术效率和技术进步共同实现的。农业结构服务化对农业技术效率和技术进步的影响为负，且分别通过了10%和1%显著性水平的检验，表明农业结构服务化对农业全要素生产率的阻碍作用是由于技术效率和技术进步的降低形成的。

第五，门槛变量劳均耕地（PL）、劳均资本（PC）对农业全要素生产率（TFP）的影响分析。结果显示，劳均耕地对农业全要素生产率的影响为正，且通过1%显著性水平的检验，表明劳均耕地面积越大，越有利于农业全要素生产率的提升；从影响路径看，劳均耕地对农业技术效率和技术进步有显著的正向影响，分别通过10%和1%显著性水平的检验，说明劳均耕地对于农业全要素生产率的提升作用通过技术效率和技术进步途径共同来实现。原因可能有两方面：一方面，耕地规模的扩大和劳动要素稀缺性程度加重，增加了农业中劳动要素的替代需求，劳动节约型技术的需求增强，催生了农业技术进步，进而提高了农业全要素生产率；另一方面，耕地规模扩大后，规模户的经营能力逐渐增强，降低了农户获取市场信息的成本和投入要素的成本，形成了农业适度规模经营和提高了农业经营效益，从而形成规模经济，进而促进技术效率的提升。劳均资本对农业全要素生产率有显著的正向影响，且通过1%显著性水平的检验，表明劳均资本的增加有利于农业全要素生产率的提升；从影响路径看，劳均资本对农业技术效率和技术进步的影响均为正，且均通过了1%显著性水平的检验，说明劳均资本对农业全要素生产率的提升作用同样是通过技术效率和技术进步途径共同实现的。至于原因，可以尝试这样解释：劳均资本增加的含义是劳动力要素的减少而资本要素的增加，形成资本要素对劳动力要素的有效替代，从而提高了劳动生产率；农业生产中随着劳动力的转移，农业机械化、信息化等方式有效替代了劳动力，提高了劳动生产率，进而提高了农业全要素生产率。

第六，控制变量对农业全要素生产率的影响分析。控制变量对农业全要素生产率、技术效率和技术进步的影响并不一致，鉴于控制变量并不是本部分研究分析的重点，因此，影响的程度和机理在此不一一讨论。

（2）不同区域空间计量模型估计结果。表7-7显示了东、中、西部县域的估计结果，可以发现空间误差项系数（lambda）与空间自回归系数（rho）均显著，印证了Moran's I指数的检验结果，说明本部分采用空间计量模型的必要性，下面分区域展开对比分析。

表 7-7　不同区域的空间计量模型估计结果

变量	东部			中部			西部		
	TFP	ECH	TCH	TFP	ECH	TCH	TFP	ECH	TCH
gis	0.4320***	0.1470	0.2220**	0.2660**	0.0227	0.1830*	0.1860***	0.0156	0.1440***
	(0.1180)	(0.0972)	(0.1100)	(0.1170)	(0.0414)	(0.0974)	(0.0482)	(0.0162)	(0.0478)
his	−0.3890*	−0.0179	−0.2390**	−0.1680	−0.0124	−0.0830	−0.1330***	−0.0121	−0.0954**
	(0.2010)	(0.1660)	(0.1011)	(0.1630)	(0.0613)	(0.1360)	(0.0416)	(0.0157)	(0.0412)
fis	−0.0077**	−0.0009	−0.0059*	−0.0098***	−0.00411	−0.0057**	−0.0111***	−0.0024	−0.0115**
	(0.0034)	(0.0028)	(0.0034)	(0.0036)	(0.0029)	(0.0020)	(0.0033)	(0.0016)	(0.0054)
PL	0.0436**	0.1490***	0.1100**	0.2810**	0.1418***	0.1620***	0.0211**	0.0314**	0.0195*
	(0.0208)	(0.0424)	(0.0511)	(0.1103)	(0.0421)	(0.0260)	(0.0103)	(0.0146)	(0.0102)
PC	0.0583***	0.0323*	−0.0147	0.0319**	0.2030***	0.0468	0.0284**	0.0491***	0.1220*
	(0.0217)	(0.0183)	(0.0219)	(0.0142)	(0.0787)	(0.1590)	(0.0114)	(0.0110)	(0.0686)
PG	−0.0051*	−0.0028	0.0019	−0.0099	0.0070*	−0.0164**	−0.0011	0.0019	−0.0157**
	(0.0031)	(0.0031)	(0.0032)	(0.0090)	(0.0037)	(0.0073)	(0.0078)	(0.0031)	(0.0072)
AE	−0.0821	0.0493	−0.0964	−0.2890**	−0.1070***	−0.1560*	−0.0707**	−0.1840**	0.2640***
	(0.1880)	(0.1640)	(0.1910)	(0.1170)	(0.0406)	(0.0941)	(0.0298)	(0.0793)	(0.0842)
UR	−0.1200	−0.0509	−0.026	0.0979	0.0246	0.049	0.0730	0.0572**	−0.127
	(0.0926)	(0.0773)	(0.0936)	(0.0994)	(0.0412)	(0.0819)	(0.0818)	(0.0266)	(0.0807)
RE	0.0012**	0.0009*	0.0057*	0.0275***	0.0017	0.0184***	0.0027	0.0052	0.0159
	(0.0005)	(0.0004)	(0.0005)	(0.0083)	(0.0021)	(0.0068)	(0.0138)	(0.0047)	(0.0137)
PM	−0.0028	0.0047	−0.0056	0.0071*	0.0018**	0.0078**	0.0046**	0.0067***	0.0054*
	(0.0039)	(0.0032)	(0.0039)	(0.0041)	(0.0008)	(0.0034)	(0.0020)	(0.0009)	(0.0028)
PF	−0.0446	0.0487	−0.0836	0.1170**	0.0359**	−0.0197	−0.0489	0.0380***	−0.1640**
	(0.0594)	(0.0497)	(0.0598)	(0.0551)	(0.0162)	(0.0456)	(0.0682)	(0.0126)	(0.0671)
PI	−0.0472	0.1270**	−0.1100*	0.3520***	0.1150***	0.1710***	0.0806***	0.0920***	0.0753**
	(0.0636)	(0.0533)	(0.0642)	(0.0429)	(0.0154)	(0.0357)	(0.0218)	(0.0208)	(0.0366)
AP	0.3010**	−0.0820	0.3340**	0.1610**	0.0829***	0.0386	0.0763*	0.0115***	0.0893**
	(0.1400)	(0.1400)	(0.146)	(0.0704)	(0.0314)	(0.0932)	(0.0440)	(0.0225)	(0.0396)
rho	0.565***	0.611***	0.870***	0.637***	0.525***	0.828***	0.483***	0.412***	0.655***
	(0.0562)	(0.0535)	(0.0224)	(0.0501)	(0.0662)	(0.0285)	(0.0601)	(0.0645)	(0.0411)
lambda	0.544***	0.879***	0.665***	0.697***	0.828***	0.561***	0.474***	0.655***	0.199**
	(0.0584)	(0.0209)	(0.0508)	(0.0484)	(0.0285)	(0.0662)	(0.0622)	(0.0411)	(0.0906)
sigma2_e	0.0042***	0.0029***	0.0043***	0.0084***	0.0028***	0.0058***	0.0043***	0.0018***	0.0042***
	(0.0002)	(0.0001)	(0.0002)	(0.0004)	(0.0001)	(0.0002)	(0.0001)	(0.0005)	(0.0001)

续表

变量	东部			中部			西部		
	TFP	ECH	TCH	TFP	ECH	TCH	TFP	ECH	TCH
观测值	5880	5880	5880	8316	8316	8316	10206	10206	10206
R^2	0. 114	0. 047	0. 019	0. 310	0. 097	0. 073	0. 096	0. 155	0. 153
总样本量	420	420	420	594	594	594	729	729	729

资料来源：Stata15. 1 软件输出。*** 、** 、* 分别表示在 1%、5%、10%的水平上显著；括号内为标准误。

第一，农业结构升级对不同区域农业全要素生产率的影响分析。农业结构高级化对东、中、西部县域农业全要素生产率均有显著的正向影响，说明农业结构高级化水平的提高可以促进东、中、西部县域农业全要素生产率的提升，且对东、中、西部县域的影响程度呈依次递减的状态，即对东部县域的影响最大，西部影响最小；这可能是因为东部县域农业结构趋于高级化状态早且程度高，对农业全要素生产率的提升作用逐渐增加，而西部县域农业结构高级化程度低且处于早期，对农业全要素生产率的提升作用有限。农业结构合理化对东部和西部县域农业全要素生产率有显著负向影响，对中部县域影响不显著，说明农业结构合理化水平提高可以促进东部和西部县域农业全要素生产率的提升。而对中部县域的提升效果不明显，可能的原因是中部县域处于粮食主产区的较多，种植业规模较大，造成农业结构合理化程度较低，并未形成对农业全要素生产率的促进作用。农业结构服务化对不同区域农业全要素生产率均有显著的负向影响，说明农业结构服务化对东、中、西部县域农业全要素生产率形成了阻碍作用，且对西部县域农业全要素生产率的阻碍作用最大，这可能是由于西部县域农业服务业发展较慢水平较低，服务业规模过小，此时仍处于 U 形关系的最左边，对农业全要素生产率的阻碍作用较大。

第二，农业结构升级对农业全要素生产率的影响路径分析。农业结构高级化对东、中、西部县域的技术进步均有显著的正向影响，而对技术效率的影响均不显著，说明农业结构高级化对东、中、西部县域农业全要素生产率的提升作用主要通过技术进步的作用实现；农业结构合理化对东部和西部县域的技术进步有显著的负向影响，对东部和西部县域技术效率影响未通过显著性检验，说明农业结构合理化对东部和西部县域农业全要素生产率的提升通过技术进步途径形成，技术效率实现途径不明显；农业结构服务化对东、中、西部县域技术进步均有显著的负向影响，而对技术效率影响均不显著，说明农业结构服务化对东、中、西部县域农业全要素生产率的阻碍作用主要是通过阻碍技术进步造成的。综上所述，农业结构升级对不同区域农业全要素生产率的影响作用均主要通过技术进步的作用实现，而技术效率作用并不明显，这说明我国农业技术进步与技术推广的作用效果显著，农业结构升级过程中提高了农业技术进步进而对农业全要素生产率形成提升作用。

二、门槛回归模型的估计结果

为了进一步验证农业结构对农业全要素生产率影响的门槛效应，借助 Stata 15.1 对门槛模型分别进行单一门槛、双重门槛及三重门槛的残差平方和最小化检验，并采用自助法（Bootstrap Method）反复抽取样本 300 次进行门槛效果的显著性检验。

（1）劳均耕地（PL）作为门槛变量。检验结果如表 7-8 所示，当劳均耕地作为门槛变量时，单一门槛 F 值和 P 值分别为 28.89 和 0.0067，检验结果通过了 1%水平下的显著性检验，而双重门槛和三重门槛没有通过显著性检验，说明只存在一个门槛值，并肯定了门槛效应的存在。因此，选用单门槛模型进行实证分析。

表 7-8　门槛效应检验

门槛个数	F 值	P 值	10%临界值	5%临界值	1%临界值
单一门槛	28.89	0.0067	21.2869	22.7993	27.7082
双重门槛	21.70	0.1133	22.0404	26.8832	66.8888
三重门槛	14.06	0.5267	21.9855	25.7860	32.4040

资料来源：Stata15.1 软件输出。

肯定存在门槛效应后，对门槛值进行估计，如图 7-1 所示，得到的劳均耕地的门槛值为 0.1440，95% 置信水平的门槛置信区间为［0.1430，0.1450］。

表 7-9 展示了 2004~2017 年分布在第一区间和第二区间内样本的比例，第一区间为小于等于门槛值 0.1440 区域，第二区间为大于门槛值 0.1440 区

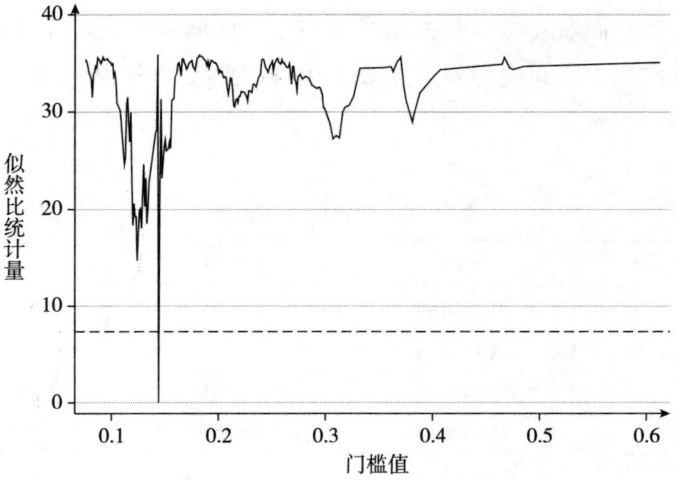

图 7-1 劳均耕地面积的门槛值分布

域。从样本分布看，2004 年第一区间样本个数占比为 46. 88%，随着时间的推移，到 2017 年，第一区间样本占比减少到 38. 54%；而 2004 年第二区间样本个数占比为 53. 13%，随着时间的推移，到 2017 年，第二区间样本占比增加到 61. 46%。

表 7-9 2004~2017 年各区间内样本比例

年份	2004	2005	2006	2007	2008	2009	2010
第一区间（%）	46. 88	44. 79	41. 67	54. 17	55. 21	55. 21	37. 50
第二区间（%）	53. 13	55. 21	58. 33	45. 83	44. 79	44. 79	62. 50
年份	2011	2012	2013	2014	2015	2016	2017
第一区间（%）	38. 54	39. 58	40. 63	42. 71	41. 67	38. 54	38. 54
第二区间（%）	61. 46	60. 42	59. 38	57. 29	58. 33	61. 46	61. 46

资料来源：根据原始数据的运算处理。

表 7-10 显示了劳均耕地（PL）作为门槛变量的门槛模型估计结果，模型结果验证了农业结构各变量对农业全要素生产率的影响存在显著的门槛效应，说明农业结构升级各变量对农业全要素生产率的影响是非线性的；农业结构高级化指标两个区间均对农业全要素生产率有显著的正向影响，农业结

构合理化指标两个区间内对农业全要素生产率的影响均为负，与空间计量模型的结果一致；而农业结构服务化指标在第一区间内对农业全要素生产率的影响为负，在第二区间内对农业全要素生产率的影响变为正向，与空间计量模型的结果存在差异。

表 7-10　门槛模型估计结果

变量	TFP	ECH	TCH
gis 区间 1	0.0280***	0.0066	0.0873*
	(0.0083)	(0.0561)	(0.0458)
gis 区间 2	0.0417***	0.0342	0.1380***
	(0.0118)	(0.0560)	(0.0446)
his 区间 1	-0.2221**	-0.2030*	-0.1970***
	(0.1081)	(0.1100)	(0.0690)
his 区间 2	-0.2817**	-0.2830***	-0.2140***
	(0.1190)	(0.0956)	(0.0620)
fis 区间 1	-0.0109**	-0.0041	-0.0074*
	(0.0051)	(0.0052)	(0.0043)
fis 区间 2	0.0246***	0.0298***	0.0117***
	(0.0059)	(0.0058)	(0.0031)
PG	0.0123***	0.0113**	0.0187***
	(0.0042)	(0.0039)	(0.0032)
AP	0.0036***	0.0067***	0.0028***
	(0.0008)	(0.0007)	(0.0006)
AE	-0.0002	-0.0010	0.0004
	(0.0011)	(0.0010)	(0.0008)
UR	0.0063***	0.0076***	0.0020*
	(0.0014)	(0.0013)	(0.0011)
RE	0.0052	0.0070	-0.0009
	(0.0136)	(0.0125)	(0.0104)
PM	-0.0055	-0.0040	0.0004
	(0.0034)	(0.0032)	(0.0026)
PF	-0.4000***	-0.1940***	-0.1400**
	(0.0779)	(0.0722)	(0.0595)

续表

变量	TFP	ECH	TCH
PI	0.5020***	0.1250*	0.3440***
	(0.0757)	(0.0695)	(0.0499)
PC	0.0450**	0.0189	0.0477**
	(0.0178)	(0.0163)	(0.0182)
常数项	1.3570***	1.198***	1.1490***
	(0.0974)	(0.0895)	(0.0787)
观测值	24402	24402	24402
总样本量	1743	1743	1743
R^2	0.248	0.081	0.248

资料来源：Stata15.1 软件输出。***、**、*分别表示在 1%、5%、10%的水平上显著；括号内为标准误。

从门槛模型估计结果来看，农业结构高级化指标对全要素生产率在区间内影响均为正。结合门槛值看，当劳均耕地面积小于门槛值 0.1440，即处于第一区间时，农业结构高级化对农业全要素生产率的影响为正，通过了 1%显著性水平的检验，且估计系数为 0.0280；当劳均耕地面积跨过门槛值 0.1440，即处于第二区间时，农业结构高级化对农业全要素生产率仍有显著的正向影响，同样通过了 1%显著性水平的检验，但估计系数增大为 0.0417，第二区间系数要大于第一区间系数。因此，第二区间内农业结构高级化对农业全要素生产率的提升作用得到显著增强，说明随着劳均耕地面积的扩大，农业结构高级化水平对农业全要素生产率的提升作用逐渐增强，但劳均耕地面积在“不足化”阶段，即未跨过门槛值时，削弱了其对农业全要素生产率的提升作用。

农业结构合理化指标对农业全要素生产率在区间内均有显著的负向影响，且均通过了 5%显著性水平的检验。结合门槛值看，当劳均耕地面积小于门槛值 0.1440，即处于第一区间时，估计系数为-0.2221；而当劳均耕地面积跨过门槛值 0.1440，即处于第二区间时，估计系数变为-0.2817，由于农业结构合理化指数与农业结构合理化水平解释机理相反，说明随着劳均耕地面积的扩大，农业结构合理化水平的提高对农业全要素生产率的提升效果会逐渐增强，当劳均耕地面积达到“丰裕化”阶段即跨过门槛值时，农业结构合理化对农业全要素生产率的提升作用得到加强。

农业结构服务化指标对农业全要素生产率在区间内有显著的影响。当劳均耕地面积小于门槛值 0. 1440，即处于第一区间时，农业结构服务化对农业全要素生产率的影响为负，并通过了 5%显著性水平的检验，且估计系数为-0. 0109；而当劳均耕地面积跨过门槛值 0. 1440，即处于第二区间时，农业结构服务化对农业全要素生产率的影响变为正，通过了 1%显著性水平的检验，此时估计系数增大为 0. 0246，说明劳均耕地面积处于“不足化”阶段时农业结构服务化会对农业全要素生产率形成阻碍作用。随着劳均耕地面积扩大，农业结构服务化对农业全要素生产率的阻碍作用会转变为提升作用。

从影响路径来看，农业结构高级化在两个区间内对技术效率的影响虽为正，但均没有通过显著性水平的检验，而对技术进步的影响为正，分别通过了 10%和 1%显著性水平的检验，说明农业结构高级化对农业全要素生产率的提升作用主要通过技术进步的提高来实现，这与空间计量模型的结果一致，同时估计系数由第一区间的 0. 0873 增大到第二区间的 0. 1380，说明劳均耕地面积跨过门槛值，其对技术进步的提升作用得到增强。农业结构合理化指标对技术效率的影响在两个区间内均为负，说明农业结构合理化对农业全要素生产率的提升作用通过提高技术效率和技术进步的路径来实现，与空间 SARAR 模型结果一致；且第一、第二区间的影响系数分别为-0. 2030 和-0. 2830；而对技术进步，也均有显著的正向影响，第一、第二区间的影响系数分别为-0. 1970 和-0. 2140，无论对技术效率还是技术进步，从第一区间到第二区间系数均降低，说明在劳均耕地面积跨过门槛值后，农业结构合理化水平对技术效率和技术进步的提升作用逐渐递增。在第一区间内，农业结构服务化对技术进步有显著的负向影响，而对技术效率影响不显著；在第二区间内，其对技术效率和技术进步的影响作用均显著且变为正，说明农业结构服务化对农业全要素生产率的影响主要通过技术进步的作用来实现；同时对技术效率和技术进步的影响系数从第一区间的-0. 0074 提高到第二区间的 0. 0117，说明随着劳均耕地面积的增加，农业结构服务化对技术进步的提升作用由阻碍转变为促进。

（2）劳均资本（PC）作为门槛变量。当劳均资本作为门槛变量时，检验结果显示，单一门槛 F 值和 P 值分别为 81. 63 和 0. 0200，双重门槛 F 值和 P 值分别为 66. 31 和 0. 0200，检验结果均通过了 5%水平下的显著性检验，而三重门槛没有通过显著性检验，由此肯定了门槛效应的存在，且存在双重门槛。因此，选用双重门槛模型进行实证分析（见表 7-11）。

表 7-11 门槛效应检验

门槛个数	F 值	P 值	10%临界值	5%临界值	1%临界值
单一门槛	81.63	0.0200	69.3807	73.8157	86.9452
双重门槛	66.31	0.0200	50.5682	55.8559	70.9736
三重门槛	33.53	0.9833	79.9932	84.5098	93.9763

资料来源：Stata15.1 软件输出。

肯定存在门槛效应后，进一步对双重门槛值进行估计，检验结果显示劳均资本的第一个门槛值为 0.1280，95%置信水平的门槛置信区间为［0.1220，0.1290］；第二个门槛值为 0.2070，95%置信水平的门槛置信区间为［0.1945，0.2100］（见图 7-2）。

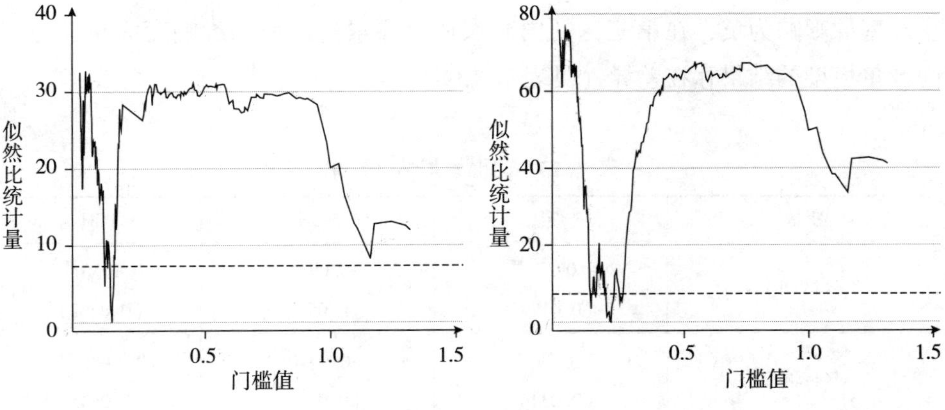

图 7-2 劳均资本量的门槛值分布

表 7-12 展示了 2004～2017 年分布在第一、第二、第三区间内样本的比例，第一区间为小于等于门槛值 0.1280 区域，第二区间介于门槛值 0.1280 和 0.2070 之间，第三区间为大于门槛值 0.2070 区域。从样本分布看，第一区间样本个数比例由 2004 年的 90.18%减少到 2017 年的 28.00%；第二区间样本个数比例由 2004 年的 5.61%增加到 2017 年的 27.08%；第三区间样本个数比例由 2004 年的 4.21%增加到 2017 年的 44.92%。

表 7-12　2004~2017 年各区间内样本比例

年份	2004	2005	2006	2007	2008	2009	2010
第一区间（%）	90. 18	89. 22	88. 96	86. 00	85. 96	84. 79	82. 50
第二区间（%）	5. 61	6. 32	7. 04	7. 63	8. 04	8. 13	9. 38
第三区间（%）	4. 21	4. 46	4. 00	6. 37	6. 00	7. 08	8. 12
年份	2011	2012	2013	2014	2015	2016	2017
第一区间（%）	79. 58	68. 75	58. 13	48. 33	41. 04	37. 00	28. 00
第二区间（%）	10. 33	13. 79	15. 17	18. 04	21. 29	24. 17	27. 08
第三区间（%）	10. 09	17. 46	26. 70	33. 63	37. 67	38. 83	44. 92

资料来源：根据原始数据的运算处理。

劳均资本（PC）作为门槛变量的门槛模型估计结果显示：在区间 1、区间 2 和区间 3 中，农业结构高级化指标对农业全要素生产率均有显著的正向影响，农业结构合理化指标对农业全要素生产率的影响均为负，与空间计量模型的结果一致；而农业结构服务化指标在第一和第二区间内对农业全要素生产率的影响为负，在第三区间内对农业全要素生产率的影响变为正，与空间计量模型的结果存在差异（见表 7-13）。

表 7-13　门槛模型估计结果

变量	TFP	ECH	TCH
gis 区间 1	0. 0737*** (0. 0199)	-0. 0955* (0. 0553)	0. 1050** (0. 0462)
gis 区间 2	0. 1179*** (0. 0344)	-0. 0940* (0. 0537)	0. 1490*** (0. 0445)
gis 区间 3	0. 1362** (0. 0568)	0. 0538 (0. 0545)	0. 1582*** (0. 0449)
his 区间 1	-0. 1880* (0. 0961)	-0. 0117* (0. 0079)	-0. 199*** (0. 0693)
his 区间 2	-0. 2610*** (0. 0722)	-0. 0580** (0. 0211)	-0. 250*** (0. 0615)

续表

变量	TFP	ECH	TCH
his 区间 3	−0.4110*** (0.1570)	−0.0924** (0.0417)	−0.2771*** (0.0674)
fis 区间 1	−0.0176*** (0.0067)	−0.0023*** (0.0007)	−0.0148*** (0.0047)
fis 区间 2	−0.0128*** (0.0036)	−0.0011* (0.0007)	−0.0136*** (0.0030)
fis 区间 3	0.0256** (0.0100)	0.0057* (0.0037)	0.0035*** (0.0011)
PG	0.0141*** (0.0041)	0.0131*** (0.0039)	0.0176*** (0.0032)
AP	0.0036*** (0.0008)	0.0071*** (0.0007)	0.0023*** (0.0006)
AE	0.0005 (0.0011)	−0.0011 (0.0010)	0.0004 (0.0008)
UR	0.0042*** (0.0015)	0.0021* (0.0013)	0.0019* (0.0011)
RE	0.0029 (0.0133)	0.0068 (0.0124)	−0.0051 (0.0104)
PM	−0.0059* (0.0033)	−0.0059* (0.0031)	0.0011 (0.0023)
PF	−0.3860*** (0.0766)	−0.2280*** (0.0715)	−0.1290** (0.0595)
PI	0.5540*** (0.0650)	0.1290** (0.0586)	0.3160*** (0.0583)
PC	0.0352** (0.0148)	0.0302** (0.0115)	0.0339** (0.0138)
常数项	1.400*** (0.1030)	1.255*** (0.0945)	1.1050*** (0.0798)
观测值	24402	24402	24402
总样本量	1743	1743	1743
R^2	0.204	0.074	0.251

资料来源：Stata15.1 软件输出。***、**、*分别表示在1%、5%、10%的水平上显著；括号内为标准误。

从表 7-13 门槛模型估计结果来看，农业结构高级化对农业全要素生产率在三个区间内均有显著的正向影响。结合门槛值来分析，当劳均资本处于低等水平阶段（PC≤0. 1280），即在第一区间时，农业结构高级化对农业全要素生产率的影响系数为 0. 0737，且在 1%显著性水平下显著；当劳均资本量处于中等水平阶段（0. 1280<PC≤0. 2070），即在第二区间时，其对农业全要素生产率的影响系数变为 0. 1179，同样在 1%显著性水平下显著；当劳均资本量处于高等水平阶段（PC>0. 2070），即在第三区间时，其对农业全要素生产率的影响系数变为 0. 1362，在 5%显著性水平下显著，可以发现随着劳均资本的不断增加，农业结构高级化对农业全要素生产率的提升作用不断增强，即农业结构越趋于高级化，对农业全要素生产率提升作用越大。

农业结构合理化指标对农业全要素生产率在三个区间内的影响均为负，且分别通过了 10%、1%、1%显著性水平的检验。从门槛值来看，当劳均资本未跨过第一门槛值时（第一区间），农业结构合理化指标对农业全要素生产率的影响系数为-0. 1880；当劳均资本介于第一门槛值和第二门槛值之间时（第二区间），其对农业全要素生产率的影响系数变为-0. 2610；而当劳均资本跨过第二门槛值时（第三区间），其对农业全要素生产率的影响系数又变为-0. 4110；说明随着劳均资本从第一区间向第三区间变化时，农业结构合理化指数不断减小，即随着劳均资本量的不断增加，农业结构合理化水平的提高对农业全要素生产率的提升作用不断增强，当跨过第二门槛值时，其对农业全要素生产率的提升作用达到最大。

农业结构服务化在第一、第二区间时对农业全要素生产率均有显著的负向影响，且均通过了 1%显著性水平的检验；而在第三区间时对农业全要素生产率的影响变为正，通过了 5%显著性水平的检验，这与空间计量模型的结果存在差异。结合门槛值来看，当处于第一区间时（PC≤0. 1280），农业结构服务化对农业全要素生产率的影响系数为-0. 0176；当处于第二区间时（0. 1280<PC≤0. 2070），其对农业全要素生产率的影响系数变为-0. 0128；当处于第三区间时（PC>0. 2070），其对农业全要素生产率的影响系数进一步变为 0. 0256，说明随着劳均资本量的不断增加，且未跨过第二门槛值时，农业结构服务化对农业全要素生产率提升的消极作用得到缓解，当劳均资本跨过第二门槛值时，其对农业全要素生产率的提升由阻碍转变为促进作用，这也呼应了空间计量模型中农业结构服务化一次项对农业全要素生产率提升的阻碍作用，同时实证验证了我国农业服务业产值过低会形成对农业全要素生产率的阻碍作用。

从影响路径看，农业结构高级化在第一、第二区间对农业技术效率有显著的负向影响，在第三区间影响为正却不显著；而在第一、第二和第三区间对农业技术进步的影响均为正，且均通过了1%显著性水平的检验，说明在第一、第二区间农业结构高级化对技术效率的消极作用被技术进步的积极作用所抵消，进而形成了对农业全要素生产率的提升作用，即对农业全要素生产率的提升主要通过技术进步实现；且对技术进步的影响系数随着劳均资本量增加不断增大，说明其对技术进步的影响不断增强。农业结构合理化指标在三个区间内对技术效率和技术进步的影响均为正，且对技术进步的影响均通过1%显著性水平的检验，对技术效率影响显著性程度存在差异，说明农业结构合理化水平对农业全要素生产率的促进作用通过技术效率和技术进步共同实现，但技术进步的提升效果更显著；随着劳均资本量增加其对技术效率和技术进步的影响系数均不断降低，说明农业结构合理化对技术效率和技术进步的积极影响不断增强。当处于第一、第二区间时，农业结构服务化对农业技术效率和技术进步影响为正，当处于第三区间时，对技术效率和技术进步的影响均转变为正，且影响系数从第一区间到第三区间不断升高，说明随着劳均资本量的增加，农业结构服务化对农业技术效率和技术进步的阻碍作用逐步转变为促进作用，这也与劳均耕地为门槛变量时的模型结果相似。

第四节 稳健性检验

总结已有权威文献的稳健性检验的方法，一般从三个方面对面板数据进行稳健性检验。一是重新构建核心解释变量来检验结论稳健与否；二是变换计量模型来检验结果的稳健性；三是更换权重矩阵，按照不同的邻接关系调整样本的权重矩阵来检验。

(1) 更换核心解释变量。干春晖等（2011）用产业结构偏离度衡量产业结构合理化，因此本部分选用农业结构偏离度来作为农业结构合理化的替代变量，偏离度具体公式如式（7-3）所示：

$$E = \sum_{j=1}^{n} | Y_j/L_j/Y/L - 1 | \tag{7-3}$$

式（7-3）中，Y_j 表示县域农业 j 部门的产值，Y 表示该县域农林牧渔业总产值；L_j 表示县域农业 j 部门的从业人员，L 表示该县域农林牧渔业从业人员，Y/L 则表示劳动生产率。根据古典经济学假设，当经济处于均衡状态时，不同产业部门的生产率水平相同。因此，当经济均衡时，$Y_i/L_i=Y/L$，此时产业结构偏离度 E 等于 0。此指数是产出结构和投入结构耦合性的反映，E 值越大代表农业经济越偏离均衡状态，农业结构越不合理。

参考于斌斌（2015）和宋建等（2017）以克拉克定理为理论基础，采用非农产值的比重来衡量产业结构高级化。因此，本部分采用非农业产值占农林牧渔业总产值比重来作为农业结构高级化的替代变量；参考余泳泽等（2016）的相关研究，把农业服务业与农业产值比率作为农业结构服务化替代变量。其他变量和处理方法不变，更换核心解释变量的空间 SARAR 和 SDM 模型估计结果如表 7-14 所示。

表 7-14　更换核心解释变量的估计结果

变量	SARAR			SDM		
	TFP	ECH	TCH	TFP	ECH	TCH
gis	0.0138**	0.0311	0.0984***	0.0376*	0.0217*	0.0385**
	(0.0061)	(0.0349)	(0.0168)	(0.0212)	(0.0174)	(0.0196)
his	-0.1650***	-0.1801**	-0.3400***	-0.2700***	-0.1510**	-0.2040***
	(0.0439)	(0.0863)	(0.0582)	(0.0749)	(0.0688)	(0.0583)
fis	-0.0280***	-0.0148	-0.0947***	-0.0342*	-0.0605***	-0.0351***
	(0.0078)	(0.0164)	(0.0111)	(0.0182)	(0.0214)	(0.0113)
PG	0.0071**	0.0022	0.0029*	0.0060**	0.0027	0.0034*
	(0.0028)	(0.0025)	(0.0017)	(0.0029)	(0.0027)	(0.0020)
AP	0.0015***	0.0010**	0.0059***	0.0018***	0.0012***	0.0038**
	(0.0004)	(0.0004)	(0.0002)	(0.0004)	(0.0004)	(0.0017)
AE	-0.0002	-0.0006	0.0001	-0.0004	-0.0007	0.0003
	(0.0006)	(0.0005)	(0.0003)	(0.0007)	(0.0006)	(0.0004)
UR	0.0001	0.0003	-0.0003	-0.0001	0.0001	-0.0003
	(0.0004)	(0.0003)	(0.0002)	(0.0004)	(0.0004)	(0.0002)
RE	0.0203***	0.0147***	0.0040	0.0195***	0.0157***	0.0019
	(0.0053)	(0.0049)	(0.0033)	(0.0056)	(0.0051)	(0.0034)

续表

变量	SARAR			SDM		
	TFP	ECH	TCH	TFP	ECH	TCH
PL	-0.0193 (0.0381)	-0.0692** (0.0351)	0.0599** (0.0237)	-0.0162 (0.0395)	-0.0779** (0.0365)	0.0714*** (0.0245)
PM	0.0026*** (0.0008)	0.0005 (0.0007)	0.0020*** (0.0005)	0.0025*** (0.0009)	0.0010 (0.0008)	0.0016*** (0.0005)
PF	-0.0350 (0.0262)	-0.0757*** (0.0241)	0.0473*** (0.0162)	-0.0436 (0.0277)	-0.0888*** (0.0257)	0.0528*** (0.0172)
PI	-0.0211 (0.0157)	0.0107 (0.0144)	-0.0350*** (0.0097)	-0.0170 (0.0162)	-0.0016 (0.0150)	-0.0238** (0.0101)
PC	0.1080*** (0.0140)	0.0397*** (0.0129)	0.0577*** (0.0087)	0.1180*** (0.0147)	0.0362*** (0.0136)	0.0643*** (0.0091)
rho	0.7220*** (0.0443)	0.6060*** (0.0592)	0.8660*** (0.0221)	0.5020*** (0.0705)	0.4900*** (0.0724)	0.8000*** (0.0332)
lambda	0.327*** (0.0821)	0.305** (0.1112)	0.528*** (0.1364)	—	—	—
sigma2_e	0.0102*** (0.0003)	0.0086*** (0.0003)	0.0039*** (0.0001)	0.0100*** (0.0003)	0.0085*** (0.0003)	0.0038*** (0.0001)
常数项	0.457*** (0.0697)	0.533*** (0.0728)	0.124*** (0.0388)	1.472*** (0.3210)	0.316 (0.2460)	0.692*** (0.1930)
观测值	24402	24402	24402	24402	24402	24402
R^2	0.125	0.042	0.143	0.233	0.095	0.414
总样本量	1764	1764	1764	1764	1764	1764

资料来源：Stata15.1 软件输出。***、**、*分别表示在1%、5%、10%的水平上显著；括号内为标准误。

从表7-14更换核心解释变量后的估计结果来看，农业结构高级化替代变量对农业全要素生产率有显著的正向影响，而农业结构合理化和服务化替代变量对农业全要素生产率的影响均为负，且均通过了1%显著性水平的检验，与基准模型的估计结果一致。基于空间SARAR分析，农业结构高级化替代变量对农业技术进步有显著的正向影响，且通过了1%显著性水平的检验，而对农业技术效率的影响并不显著，此结果也与基准模型的估计结果一致；农业结构合理化和服务化替代变量对农业技术进步有显著的负向影响，且均通过了1%显著性水平的检验，而农业结构合理化替代变量对农业技术效率影响为负，农业结构服务化对技术效率的影响不显著，与基准模型的估计结果基本一致。因此，更换核心解释变量后的模型估计结果与基准模型基本一致，可以认为更换核心解释变量后，模型得出的结果是稳健的。

（2）更换计量模型。本部分选择更换空间SARAR模型和空间SEM模型重新对数据进行实证检验，依次来检验结论是否稳健，具体结果见表7-15。

表7-15　更换计量模型的估计结果

变量	SARAR			SEM		
	TFP	ECH	TCH	TFP	ECH	TCH
gis	0.0332**	0.0557	0.0160***	0.0374***	0.0649	0.0133***
	(0.0106)	(0.0485)	(0.0013)	(0.0111)	(0.0492)	(0.0025)
his	−0.1320**	−0.0776***	−0.0378**	−0.1300**	−0.0674	−0.0379***
	(0.0628)	(0.0200)	(0.0188)	(0.0633)	(0.0609)	(0.0103)
fis	−0.0119***	−0.0071**	−0.0041**	−0.0119***	−0.0067**	−0.0045**
	(0.0031)	(0.0030)	(0.0019)	(0.0032)	(0.0030)	(0.0020)
PG	0.0528***	0.0236***	0.0043*	0.0577***	0.0834**	0.0045*
	(0.0038)	(0.0036)	(0.0023)	(0.0038)	(0.0037)	(0.0024)
AP	−0.0029***	−0.0020***	−0.0002	−0.0029***	−0.0018**	−0.0002
	(0.0007)	(0.0007)	(0.0004)	(0.0007)	(0.0007)	(0.0004)
AE	−0.0012	−0.0015	0.0003	−0.0011	−0.0014	0.0003
	(0.0009)	(0.0009)	(0.0006)	(0.0010)	(0.0009)	(0.0006)
UR	0.0007	0.0004	0.0002	0.0010	0.0007	0.0003
	(0.0014)	(0.0013)	(0.0009)	(0.0014)	(0.0013)	(0.0009)
RE	0.00211	0.0030	−0.0003	0.0025	0.0039	−0.0013
	(0.0119)	(0.0114)	(0.0073)	(0.0120)	(0.0115)	(0.0076)
PL	−0.0948	−0.0599	−0.0347	−0.0869	−0.0643	−0.0367
	(0.0990)	(0.0948)	(0.0612)	(0.0994)	(0.0959)	(0.0636)
PM	−0.0107***	−0.0058**	−0.0035*	−0.0103***	−0.0056*	−0.0029
	(0.0030)	(0.0028)	(0.0018)	(0.0030)	(0.0029)	(0.0019)
PF	−0.2640***	−0.1860***	−0.0367	−0.2770***	−0.1920***	−0.0436
	(0.0666)	(0.0636)	(0.0409)	(0.0672)	(0.0650)	(0.0426)

续表

变量	SARAR			SEM		
	TFP	ECH	TCH	TFP	ECH	TCH
PI	0.4780*** (0.0662)	0.1230* (0.0633)	0.2770*** (0.0410)	0.4800*** (0.0667)	0.1170* (0.0643)	0.2840*** (0.0426)
PC	0.0604*** (0.0178)	0.0163 (0.0171)	0.0386*** (0.0110)	0.0615*** (0.0179)	0.0201 (0.0174)	0.0427*** (0.0115)
rho	0.364*** (0.1400)	0.555*** (0.1370)	0.806*** (0.0963)	—	—	—
lambda	—	—	—	0.750*** (0.0417)	0.641*** (0.0584)	0.885*** (0.0194)
sigma2_e	0.0091*** (0.0003)	0.0083*** (0.0003)	0.0034*** (0.0001)	0.0086*** (0.0003)	0.0080*** (0.0003)	0.0035*** (0.0001)
观测值	24402	24402	24402	24402	24402	24402
R^2	0.005	0.013	0.002	0.006	0.015	0.001
总样本量	1764	1764	1764	1764	1764	1764

资料来源：Stata15.1 软件输出。***、**、*分别表示在1%、5%、10%的水平上显著；括号内为标准误。

表7-15显示更换了空间SARAR和SEM模型后的估计结果，可以发现核心解释变量农业结构高级化对农业全要素生产率均有显著的正向影响，对农业技术进步也有显著的正向影响，且均通过1%显著性水平的检验，而对农业技术效率的影响未通过显著性检验；农业结构合理化对农业全要素生产率均有显著的负向影响，空间SARAR模型显示其对农业技术效率和技术进步的影响均为负；农业结构服务化对农业全要素生产率的影响为负，而对农业技术效率和技术进步的影响也均为负，且通过了至少5%显著性水平的检验。更换计量模型与基准模型的估计结果基本一致，可以认为更换计量模型后，其结论仍然是稳健的。

（3）更换空间权重矩阵。本部分借鉴贾敬全等（2015）和孙学涛等（2017）的相关研究，更换空间邻接矩阵来检验；空间邻接矩阵是按照空间邻接关系建立的矩阵，即两个县域若相邻为1，不相邻则为0，仍用空间SARAR和空间SDM模型估计，具体结果见表7-16。

表 7-16 更换空间权重矩阵的估计结果

变量	SARAR			SDM		
	TFP	ECH	TCH	TFP	ECH	TCH
gis	0.0255*** (0.0055)	0.0024 (0.0222)	0.0189*** (0.0048)	0.0345*** (0.0079)	0.0063 (0.0248)	0.0267*** (0.0065)
his	-0.152*** (0.0397)	-0.0902** (0.0351)	-0.0301** (0.0134)	-0.160*** (0.0408)	-0.104*** (0.0370)	-0.0507* (0.0300)
fis	-0.0538*** (0.0156)	-0.0272** (0.0134)	-0.0189** (0.0089)	-0.0430*** (0.0162)	-0.0612*** (0.0200)	-0.0212** (0.0096)
PG	0.0064** (0.0028)	0.0020 (0.0025)	0.0026 (0.0017)	0.0051* (0.0029)	0.0017 (0.0027)	0.1350** (0.0619)
AP	0.0019*** (0.0004)	0.0012*** (0.0004)	0.0094*** (0.0027)	0.0021*** (0.0004)	0.0016*** (0.0004)	0.0217*** (0.0071)
AE	0.0001 (0.0006)	-0.0002 (0.0005)	0.0002 (0.0003)	0.0001 (0.0007)	-0.0005 (0.0006)	0.0006 (0.0004)
UR	0.0004 (0.0004)	0.0004 (0.0003)	-0.0002 (0.0002)	0.0003 (0.0004)	0.0004 (0.0004)	-0.0002 (0.0002)
RE	0.0222*** (0.0055)	0.0161*** (0.0047)	0.0051 (0.0031)	0.0157*** (0.0059)	0.0153*** (0.0053)	0.0003 (0.0035)
PL	-0.0175 (0.0398)	-0.0659* (0.0345)	0.0620*** (0.0230)	-0.0204 (0.0395)	-0.0861** (0.0355)	0.0746*** (0.0236)
PM	0.0024*** (0.0008)	0.0004 (0.0007)	0.0020*** (0.0005)	0.0020** (0.0009)	0.0009 (0.0008)	0.0013** (0.0005)
PF	-0.0414 (0.0287)	-0.0733*** (0.0240)	0.0455*** (0.0160)	-0.0498* (0.0296)	-0.0838*** (0.0258)	0.0487*** (0.0172)
PI	-0.0280 (0.0171)	0.00367 (0.0144)	-0.0376*** (0.0096)	-0.0110 (0.0177)	-0.0012 (0.0155)	-0.0228** (0.0103)
PC	0.1140*** (0.0141)	0.0427*** (0.0128)	0.0583*** (0.0085)	0.1170*** (0.0149)	0.0358*** (0.0137)	0.0643*** (0.0091)
常数项	0.480*** (0.0716)	0.536*** (0.0722)	0.104*** (0.0375)	1.716*** (0.5300)	1.327*** (0.4370)	0.942*** (0.3190)
rho	0.726*** (0.0427)	0.630*** (0.0563)	0.878*** (0.0209)	0.450*** (0.0789)	0.492*** (0.0739)	0.746*** (0.0397)

续表

变量	SARAR			SDM		
	TFP	ECH	TCH	TFP	ECH	TCH
lambda	0.427*** (0.1411)	0.583*** (0.1568)	0.786*** (0.2168)	—	—	—
sigma2_e	0.0098*** (0.0003)	0.0085*** (0.0003)	0.0038*** (0.0001)	0.0096*** (0.0003)	0.0084*** (0.0003)	0.0037*** (0.0001)
观测值	24402	24402	24402	24402	24402	24402
R^2	0.162	0.045	0.151	0.258	0.110	0.480
总样本量	1764	1764	1764	1764	1764	1764

资料来源：Stata15.1 软件输出。***、**、*分别表示在1%、5%、10%的水平上显著；括号内为标准误。

表7-16显示了更换为空间0~1邻接权重矩阵后，利用空间SARAR和空间SDM模型的估计结果，可以发现核心解释变量模型结果同基准模型结果相比，农业结构高级化对农业全要素生产率和技术进步均有显著的正向影响，对农业技术效率影响不显著，同基准模型一致；农业结构合理化对农业全要素生产率影响均为正，且均通过了1%显著性水平的检验，对农业技术效率和技术进步影响也均为正，且通过了至少10%显著性水平的检验，同基准模型基本一致；农业结构服务化对农业全要素生产率有显著的负向影响，对农业技术效率和技术进步同样有显著的负向影响，同基准模型基本一致；核心解释变量估计结果与基准模型基本一致，且其他解释变量的估计结果也同基准模型大体一致，可以认为更换空间邻接矩阵后所得结果仍然是稳健的。

第五节　本章小结

农业结构升级作为破解“谁来种地”“如何种地”等突出问题的有效路径，研究其对农业全要素生产率影响的重要性毋庸置疑，但农业结构对农业全要素生产率的影响程度可能会由于地区要素的差异而发生变化，即需要探索是否存在非线性的影响，且影响的作用路径是什么。本部分利用空间计量模型揭示农业结构升级对农业全要素生产率的影响，进一步利用门槛回归模型验证农业结构升级对农业全要素生产率的非线性影响，并分析其影响的作用路径。

主要研究结论有如下四点：

第一，农业结构合理化和高级化水平的提高均有利于农业全要素生产率的提升，而农业结构服务化阻碍了农业全要素生产率的提升；其中农业结构高级化对农业全要素生产率的提升作用主要通过技术进步的提高来实现，而农业结构合理化和服务化对农业全要素生产率的影响作用通过技术进步和技术效率共同作用完成。

第二，农业结构高级化水平的提高均促进了东、中、西部县域农业全要素生产率的提升，且对东部县域的促进作用最大；农业结构服务化对东、中、西部县域农业全要素生产率均形成了阻碍作用，且对西部的阻碍作用最大；而农业结构高级化仅促进了东部和西部县域农业全要素生产率的提升，对中部县域的提升作用不明显。农业结构升级对东、中、西部农业全要素生产率的影响作用均通过技术进步途径实现，而技术效率实现途径不明显。

第三，当劳均耕地作为门槛变量时，农业结构各指标对农业全要素生产率均存在非线性的影响且存在单一门槛，随着劳均耕地面积的增加，农业结构高级化和合理化对农业全要素生产率及分解指数的提升作用均不断增强，且农业结构服务化对农业全要素生产率及分解指数的影响由阻碍转变为促进作用。

第四，当劳均资本作为门槛变量时，存在双重门槛且值分别为 0.1280 和 0.2070，随着劳均资本量的增加，农业结构高级化和合理化对农业全要素生产率及分解指数的提升作用均不断增强，而农业结构服务化在第一、第二区间时对农业全要素生产率及分解指数有显著的阻碍作用，当跨过门槛值 0.2070 时，其对农业全要素生产率及分解指数的影响由阻碍转为促进。

| 第八章 |

农业全要素生产率提升的效应分析

前面章节验证了本书假说：要素禀赋的变化可以显著促进农业结构的优化升级，进而形成对农业全要素生产率的提升作用。但农业全要素生产率的增长是否带来了正向作用效应即增长与收入的正向效应？增长效应和收入效应最重要的两个表现是农业经济的增长和城乡收入水平差距的缩小。因此，本章研究农业全要素生产率的提升对农业经济增长的贡献和城乡收入差距的影响效应，对于农业经济增长路径的转型和城乡收入差距的缩小提出合理化的研究结论和启示。

本章的结构安排如下：第一部分是研究方法；第二部分是农业全要素生产率对农业经济增长贡献的效应分析，其中包括变量设定、农业全要素生产率对农业经济增长的贡献率测度，进而分析农业经济增长模式的影响因素，最后进行稳健性检验；第三部分是农业全要素生产率对城乡收入差距的效应分析，其中包括变量设定、实证分析和稳健性检验；第四部分是本章小结。

第一节　研究方法

经济增长贡献率的相关研究中，研究方法均以生产函数为基础，包括 C-D 生产函数、CES 生产函数与 Translog 生产函数等。由于 C-D 生产函数只考虑对农业经济增长有贡献的资本、劳动、土地和全要素生产率等方面的因素，这样就避免了县域农业数据指标较少的局限，且计算过程相对简便，实用性较强；因此，本章以 C-D 生产函数为基础，利用增长速度方程模型即“索罗余值法”来分析农业全要素生产率对农业经济增长的贡献率的问题。

假设农业生产中土地、资本和劳动力要素投入的增加和农业全要素生产率带来的边际产出的提高共同构成了农业产出的增长。则 C-D 生产函数的具体形式如式（8-1）所示：

$$Y=Ae^{\delta t}K^{\alpha}L^{\beta}T^{\gamma} \tag{8-1}$$

式（8-1）中，Y 表示农业总产出，用平减后的农林牧渔业总产值表示；$e^{\delta t}$ 表示农业全要素生产率对农业产出的影响程度，A 表示技术进步参数，K 表示农业生产中的资本要素投入，L 表示农业生产劳动力要素投入，T 表示农业生产中土地要素投入，α、β 和 γ 分别表示农业资本、劳动力和土地要素投入的产出弹性。

对式（8-1）两边取对数转化为式（8-2）：

$$\ln Y=\ln A+\alpha\ln K+\beta\ln L+\gamma\ln T+\delta t \tag{8-2}$$

式（8-2）两边同时对时间 t 求导，转化为式（8-3）：

$$\frac{1}{Y}\frac{\partial Y}{\partial t}=\alpha\frac{1}{K}\frac{\partial K}{\partial t}+\beta\frac{1}{L}\frac{\partial L}{\partial t}+\gamma\frac{1}{T}\frac{\partial T}{\partial t}+\delta \tag{8-3}$$

一般情况下，可用差分代替导数，在 Δt=1 时转化为式（8-4）：

$$\frac{\Delta Y}{Y}=\alpha\frac{\Delta K}{K}+\beta\frac{\Delta L}{L}+\gamma\frac{\Delta T}{T}+\delta \tag{8-4}$$

式（8-4）中，ΔY、ΔK、ΔL 和 ΔT 分别表示农业产出、农业资本、劳动力和土地要素的增长量，则 ΔY/Y、ΔK/K、ΔL/L 和 ΔT/T 分别表示农业产出、农业资本、劳动力和土地要素的增长率，δ 表示农业全要素生产率的增长率；此时，农业产出的增长率分解为两大部分：农业要素投入引起的农业产出的增长率和农业全要素生产率引起的农业产出的增长率。

对式（8-4）进一步转化得到农业全要素生产率引起产出的增长率，具体如式（8-5）所示：

$$\delta=\frac{\Delta Y}{Y}-\alpha\frac{\Delta K}{K}-\beta\frac{\Delta L}{L}-\gamma\frac{\Delta T}{T} \tag{8-5}$$

式（8-5）进一步转化为式（8-6）：

$$\delta=\frac{Y_t-Y_0}{Y_0}-\alpha\frac{K_t-K_0}{K_0}-\beta\frac{L_t-L_0}{L_0}-\gamma\frac{T_t-T_0}{T_0} \tag{8-6}$$

式（8-6）即增长速度方程，表明农业全要素生产率引起的农业产出的增长率为农业产出增长率与农业资本、劳动力和土地要素投入引起的产出增长率的差值，这个差值也叫“索罗余值”。相应的农业全要素生产率、资本、劳动力和土地要素投入对农业产出增长的贡献率如式（8-7）所示：

$$E(A)=\delta/\frac{\Delta Y}{Y},\ E(K)=\alpha\frac{\Delta K}{K}/\frac{\Delta Y}{Y},\ E(L)=\alpha\frac{\Delta L}{L}/\frac{\Delta Y}{Y},\ E(T)=\alpha\frac{\Delta T}{T}/\frac{\Delta Y}{Y} \tag{8-7}$$

农业资本、劳动力和土地要素的增长率和农业产出的增长率可以通过数据计算得到，而农业资本、劳动力和土地要素产出弹性系数需要通过模型估计得到，这样通过式（8-6）和式（8-7）可得到县域农业全要素生产率及农业各投入要素对农业产出增长的贡献率。

第二节　农业全要素生产率对农业经济增长贡献的效应分析

一、贡献率测度

增长速度方程中所用的数据包括农业产出、农业各要素投入数量和农业各要素的产出弹性，其中农业产出用2003～2017年农林牧渔业总产值表示，并以2003年为基期，平减为以2003年为不变价的农林牧渔业总产值；农业资本要素投入仍用第四章测算的县域农业资本存量；农业劳动力投入用县域农林牧渔业从业人员表示；土地要素投入用县域常用耕地面积表示。

下一步对农业资本、劳动力和土地要素的产出弹性进行估计。由于C-D生产函数的前提条件是规模报酬不变，即 $\alpha+\beta+\gamma=1$，为了避免多重共线性对估计结果造成干扰，需要对C-D生产函数进行相应的处理。

在C-D生产函数即式（8-1）的基础上两边同时除以劳动力L，转化为式（8-8）：

$$\frac{Y}{L}=Ae^{\delta t}\left(\frac{K}{L}\right)^{\alpha}\left(\frac{T}{L}\right)^{\gamma} \tag{8-8}$$

式（8-8）两边取对数得到式（8-9）：

$$\ln\frac{Y}{L}=\ln A+\alpha\ln\frac{K}{L}+\gamma\ln\frac{T}{L}+\delta t \tag{8-9}$$

估计前进行 Hausman 检验，结果显示拒绝原假设，选择固定效应模型；进而利用固定效应模型、最小二乘法和空间 SARAR 模型分别对式（8-9）进行估计，得到的具体估计结果如表 8-1 所示。

表 8-1　模型估计结果

变量	固定效应	最小二乘法	SARAR
ln K/L	0.4104*** (0.0108)	0.4321*** (0.0228)	0.4420*** (0.0299)
ln T/L	0.3115*** (0.0091)	0.3150*** (0.0098)	0.3141*** (0.0061)
常数项	0.197*** (0.0581)	0.4321*** (0.1210)	0.2720*** (0.0499)
rho	—	—	0.855*** (0.0201)
lambda	—	—	0.652*** (0.2421)
sigma2_e	—	—	0.0230*** (0.0008)
Hausman	17.41***	17.41***	17.41***
R^2	0.8921	0.5721	0.4900
观测值	24402	24402	24402
总样本量	1743	1743	1743

资料来源：Stata15.1 软件输出。***、**、*分别表示在 1%、5%、10%的水平上显著；括号内为标准误。

从三个模型的估计结果对比来看，α 和 γ 的估计系数即农业资本和土地的产出弹性差距均不大，估计结果较稳健，由于固定效应的 R^2 较高，模型解释力相对较强。因此，选择固定效应模型的估计结果作为 α 和 γ 的数值；其中 $\alpha=0.4104$，$\gamma=0.3115$，则 $\beta=1-\alpha-\gamma=0.2781$，即农业资本、劳动力和土地要素的产出弹性分别为 0.4104、0.2781 和 0.3115。

（1）县域整体农业全要素生产率及要素贡献率变化分析。把农业要素的产出弹性和农业投入产出数据代入式（8-7）得到2004~2017年县域农业全要素生产率对农业产出的贡献率，同时得到农业资本、劳动力和土地要素对农业产出的贡献率。

从各省县域农业全要素生产率及各要素对农业产出的贡献率来看，农业资本要素的投入仍然是各省县域农业产出贡献率的第一拉动力，农业全要素生产率对各省份县域农业产出的贡献率略低于农业资本要素的贡献率，这与许多学者的相关研究结论基本一致（徐会奇等，2011；朱子云和朱土兴，2013；贺京同和何蕾，2016；蔡跃洲和付一夫，2017；朱子云，2017；刘贯春，2019）；相对于农业全要素生产率和资本要素的贡献率，农业劳动力和土地要素对农业产出的贡献要小得多，尤其是农业劳动力要素的贡献率在一些省份已经成为负值，两者比较来看土地要素的贡献率要略大于农业劳动力要素对农业产出的贡献率（见表8-2）。

表8-2 2004~2017年各省县域农业TFP及各要素贡献率 单位：%

省份	TFP贡献率 E（A）	资本贡献率 E（K）	劳动力贡献率 E（L）	土地贡献率 E（T）
河北	41.40	42.07	3.95	12.58
山西	33.00	35.35	4.03	27.61
内蒙古	34.33	37.67	7.79	20.21
辽宁	40.66	42.60	7.28	9.45
吉林	43.58	41.81	4.30	10.31
黑龙江	48.26	53.73	-4.21	2.22
江苏	50.26	54.02	-6.79	2.50
浙江	45.79	56.26	-9.56	7.51
安徽	43.64	46.52	-3.89	13.73
福建	44.30	48.22	-3.80	11.28
江西	45.81	43.31	-1.97	12.85
山东	49.74	52.04	-3.43	1.65
河南	46.36	47.19	-3.01	9.47
湖北	44.75	48.15	-2.24	9.34
湖南	41.53	43.35	-1.10	16.22
广东	50.87	55.38	-7.97	1.71
广西	40.77	45.76	0.27	13.20

续表

省份	TFP 贡献率 E（A）	资本贡献率 E（K）	劳动力贡献率 E（L）	土地贡献率 E（T）
海南	39.06	39.14	3.45	18.34
重庆	45.33	45.18	4.45	5.04
四川	40.67	42.70	2.27	14.36
贵州	38.04	39.10	5.73	17.13
云南	39.75	35.85	9.14	15.27
陕西	40.59	34.31	11.85	13.24
甘肃	37.33	33.98	6.59	22.10
宁夏	35.54	29.82	11.81	22.83
新疆	45.35	38.64	5.53	10.48

资料来源：根据 2004~2017 年县域结果按省份取均值得出。

从 2004~2017 年县域整体农业全要素生产率和农业各要素投入的贡献率来看，农业全要素生产率和农业资本要素是农业产出贡献率的主要推动力，两者贡献率比例分别为 42.57%和 43.54%，对农业产出贡献率比例总共达到了 86.11%；而农业劳动力和土地要素对农业产出的贡献程度微弱，贡献率分别为 1.56%和 12.33%，两者的比例仅为 13.89%，其中农业劳动力要素对农业产出的贡献率最为微弱（见图 8-1）。

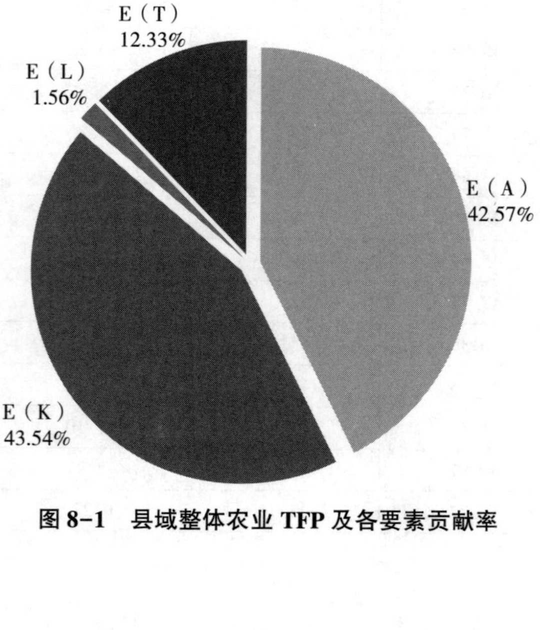

图 8-1　县域整体农业 TFP 及各要素贡献率

图 8-2 展示了 2004~2017 年县域整体农业全要素生产率及要素投入对农业产出贡献率的时间变化趋势，县域农业全要素生产率对农业产出的贡献率表现出先降后升的 U 形规律，其中最高点出现在 2017 年，贡献率达到 40.58%，贡献率最低点出现在 2009 年，为 31.32%，从 2012 年开始农业全要素生产率的贡献率逐年升高，到 2017 年达到最高；2004~2017 年农业资本要素对农业产出的贡献率呈现不断升高的态势，贡献率从 2004 年的 35.12%逐渐升高到 2017 年的 57.54%，农业全要素生产率的贡献率仅在 2004~2005 年略高于农业资本投入的贡献率，从 2006 年开始农业资本投入的贡献率开始逐年超过农业全要素生产率的贡献率，成为拉动农业产出的第一驱动力；土地要素对农业产出的贡献率呈现微弱的下降趋势，2016 年贡献率首次降到 10%以下，在 2005 年的贡献率最高，为 16.36%，而农业劳动力要素对农业产出的贡献率表现出逐渐下降的态势，贡献率从 2004 年的 11.17%下降到 2017 年的-6.31%，在 2014 年贡献率首次降为负数。综上所述，农业产出增长主要靠资本要素的投入和全要素生产率的提升，而农业土地和劳动力对于农业产出增长的拉动作用较小，尤其是劳动力要素的拉动作用最为微弱。

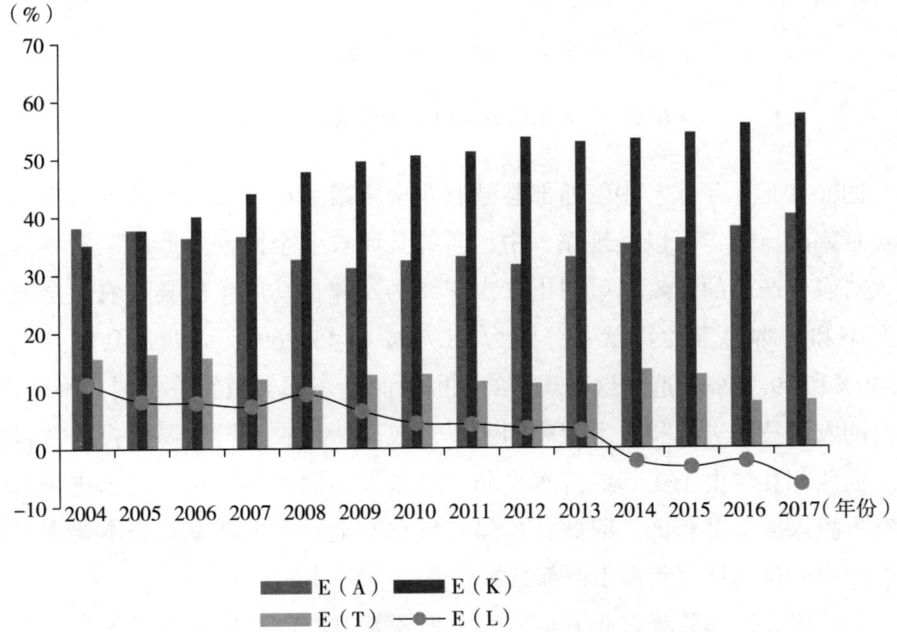

图 8-2 2004~2017 年县域整体农业 TFP 及各要素贡献率

（2）不同区域县域农业全要素生产率及要素贡献率差异分析。为了分析不同县域农业全要素生产率及要素对农业产出贡献的差异，仍然按前面章节的区域分组，把县域分为东、中、西区域，2004~2017 年县域贡献率按不同区域取均值得到，具体如图 8-3 所示。

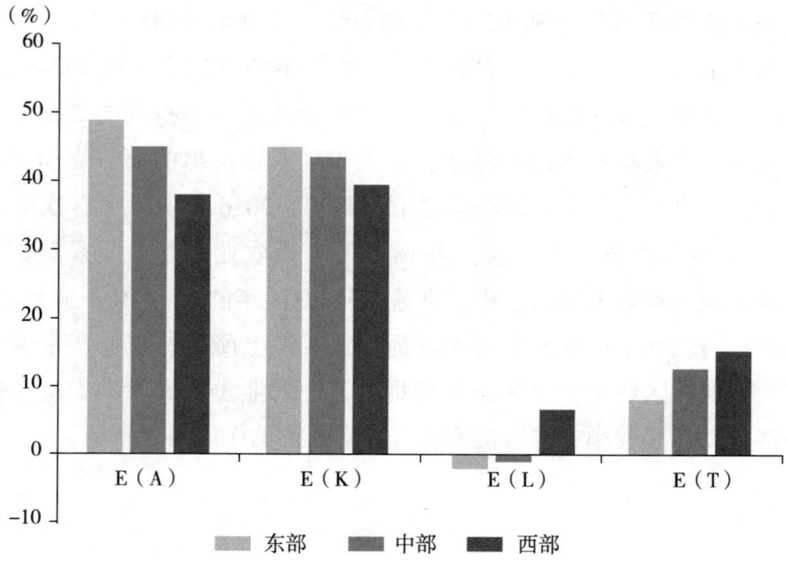

图 8-3　不同区域县域 TFP 及要素贡献率

图 8-3 展示了东、中、西部县域农业全要素生产率及要素投入对农业产出贡献率的比较，可以发现东、中、西部县域农业全要素生产率及资本要素投入对农业产出的贡献率呈现出依次递减的规律，其中东部县域农业全要素生产率和资本要素的贡献率分别为 48.71%和 45.26%，而西部县域分别为 38.30%和 39.76%，造成这种现状的原因可能是东部县域经济发展水平较高，相对的农业技术进步和技术效率的水平也较高，且农业资本要素投入数量较大，而西部县域由于受到经济水平和地理条件等因素的约束，技术进步水平和资本投入数量都较低。因此，东部县域农业全要素生产率和资本要素对于农业产出的拉动作用要大于西部县域。

东、中、西部县域农业劳动力和土地要素对农业产出的贡献率呈现出依次递增的现象，其中东部和中部县域农业劳动力的贡献率均为负，分别为 -2.11%和-1.01%，西部县域农业劳动力对农业产出的贡献率为正，说明在东部和中部县域农业劳动力要素投入已经不能拉动农业产出的增长，而西部县域农业劳动力对农业产出增长仍有一定的拉动作用；东部县域土地要素对农业产出的贡献率最低，仅为 8.12%，而西部县域土地要素的贡献率较高，为 15.38%。造成这种现象的原因可能是东部县域劳动力要素流动较快且土地要素稀缺性程度较高，而西部县域由于各种条件的束缚农业劳动力要素流动缓慢且土地相对较丰裕，形成东部县域农业劳动力和土地要素对农业产出的贡献要小于西部县域。

二、贡献率的影响因素分析

通过县域农业全要素生产率及各要素投入对农业产出贡献的分析，可以发现县域农业资本要素投入对于农业经济增长的拉动作用最大，即县域农业经济增长对资本要素投入式增长路径的依赖较大，但近几年县域农业全要素生产率对农业经济增长的贡献率不断提升，已经上升为拉动农业经济增长的第二大驱动力。众所周知，全要素生产率可以显著提高要素投入效率和要素边际产出，是农业经济增长趋向集约型和质量型的必由之路，从而可以促进农业的可持续及高质量发展。因此，需要进一步探索影响农业全要素生产率贡献率的关键因素。

（1）变量设定。本部分的被解释变量是测度县域农业全要素生产率对农业产出的贡献率（TFPC），农业全要素生产率对农业产出增长的贡献率越大，表明农业经济增长路径越趋向集约型和质量型；反之，农业全要素生产率对农业产出增长的贡献率越小，说明农业经济增长对要素投入式增长路径的依赖性越大，即农业经济增长越趋向粗放型和数量型。

参考已有相关研究，且考虑数据的可获得性，本部分内容选择以下变量作为农业全要素生产率贡献率的解释变量，具体为单位面积机械化水平（PM）、单位面积化肥施用量（PF）、单位面积灌溉水平（PI）、资本劳动比（CL）、农业服务业水平（AS）、农业资产投资（IN）、财政收入占比（FR）、农业财政支出占比（AE）、城镇化率（UR）、农村用电量（RE）和第一产业占比（AP），解释变量的描述性统计具体如表 8-3 所示。

表 8-3　解释变量的描述性统计

变量	变量名称	平均值	最大值	最小值	标准差
PM	单位面积机械化水平（千瓦/公顷）	7.4426	29.6749	0.6087	4.4651
PF	单位面积化肥施用量（吨/公顷）	0.2771	0.7887	0.0287	0.1362
PI	单位面积灌溉水平	0.2575	2.0300	0.0094	0.2289
CL	资本劳动比（万元/人）	0.787	7.684	0.002	1.531
AS	农业服务业水平（%）	3.0823	18.5061	0.2080	2.1514
IN	农业资产投资（亿元）	3.7971	59.6318	0.0027	6.0648
FR	财政收入占比（%）	5.7473	35.3240	0.4776	3.6511
AE	农业财政支出占比（%）	15.0225	36.9427	3.8700	5.7316
UR	城镇化率（%）	18.8024	53.8640	3.9667	8.1782
RE	农村用电量（万千瓦小时）	0.6833	4.9160	0.0110	0.7448
AP	第一产业占比（%）	13.8481	47.9740	0.7493	10.4020

资料来源：根据原始数据的整理和计算。

（2）空间相关关系检验。在构建空间计量模型之前对被解释变量进行空间相关关系检验，本部分仍然采用 Moran's I 指数进行检验，结果如表 8-4 所示。

表 8-4　2004~2017 年 Moran's I 指数检验结果

年份	农业全要素生产率贡献率	农业资本要素贡献率
2004	0.020***	0.004***
2005	0.012**	0.013*
2006	0.009***	0.008***
2007	0.001***	0.001***
2008	0.007**	0.005*
2009	0.060***	0.060***
2010	0.086***	0.085***
2011	0.080***	0.079***
2012	0.075***	0.074***
2013	0.094***	0.094***
2014	0.078***	0.078***

续表

年份	农业全要素生产率贡献率	农业资本要素贡献率
2015	0.024***	0.023***
2016	0.023***	0.023***
2017	0.017**	0.017**

资料来源：Stata15.1 软件输出。***、**、*分别表示在1%、5%、10%的水平上显著。

从 Moran's I 指数的检验结果看，县域间农业全要素生产率和农业资本要素对农业产出增长的贡献率均存在显著的空间相关关系。形成空间相关关系的原因可能有以下两点：一是地理位置相邻县域的资源禀赋特征相近，相近的要素禀赋可能会导致县域间的农业全要素生产率和农业资本相关；二是地理位置相邻县域间经济活动等交流更为便捷，有利于县域间的要素、技术和市场交流，产生空间溢出效应，且 Moran's I 指数为正值，说明这种空间相关关系表现为正向的空间溢出效应，即邻接县域的农业全要素生产率和农业资本贡献率会受到彼此的正向影响。

（3）实证结果分析。在模型估计前先进行多重共线性和 Hausman 检验。首先，对数据进行相关性检验，结果显示解释变量间的相关性系数均未大于0.5，其中最大值为0.4943，表明变量间的相关性不大；其次进行方差膨胀因子检验，结果显示 VIF 的最大值为2.89，膨胀因子 VIF 的均值为1.66，远小于10；因此，通过相关性分析和 VIF 检验结果可以判定本部分所选变量之间不存在多重共线性（见表8-5）。

表 8-5 变量方差膨胀因子 VIF 检验结果

变量	VIF	1/VIF
IN	2.89	0.3462
CL	2.71	0.3688
RE	1.72	0.5831
PM	1.61	0.6209
PI	1.54	0.6487
FR	1.44	0.6933
AP	1.36	0.7344

续表

变量	VIF	1/VIF
UR	1.32	0.7569
AE	1.30	0.7698
PF	1.29	0.7763
AS	1.12	0.8909
均值	1.66	0.6536

资料来源：Stata15.1 软件输出。

进一步采用 Hausman 检验显示伴随概率为 0.0000，拒绝原假设，说明“固定效应”模型优于“随机效应模型”，因此本部分数据应选择“固定效应模型”。从空间计量模型的估计结果看，空间自回归系数（rho）与空间误差项系数（lambda）均显著，印证了 Moran's I 指数的检验结果，说明本部分数据采用空间计量模型的必要性，从空间 SARAR 和 SDM 模型的结果对比来看，两者的估计结果大体一致，下面基于空间 SARAR 模型结果进行分析（见表 8-6）。

表 8-6 空间计量模型的估计结果

变量	SARAR	SDM
PM	0.5520*** (0.1420)	0.5300*** (0.1460)
PF	-0.9700*** (0.2775)	-0.9860*** (0.2850)
PI	-0.8621 (2.791)	-0.9482 (2.796)
CL	0.9840*** (0.2790)	0.8660*** (0.2810)
AS	0.3130*** (0.0870)	0.2230** (0.0880)
IN	-0.4660*** (0.0846)	-0.4550*** (0.0922)
FR	-0.1580* (0.0953)	-0.1496* (0.0979)

续表

变量	SARAR	SDM
AE	0.3650*** (0.0662)	0.342*** (0.0723)
UR	-0.1840*** (0.0701)	-0.1811*** (0.0702)
RE	-0.9030 (0.7200)	-0.8660 (0.7260)
AP	0.3890*** (0.0542)	0.3550*** (0.0564)
rho	0.665*** (0.0618)	0.231* (0.1221)
lambda	0.817*** (0.1260)	—
sigma2_e	51.37*** (2.090)	49.04*** (1.985)
常数项	0.4220*** (0.0763)	0.4497*** (0.0734)
Hausman	90.66***	90.66***
观测值	24402	24402
R^2	0.207	0.280
总样本量	1743	1743

资料来源：Stata15.1 软件输出。***、**、*分别表示在1%、5%、10%的水平上显著；括号内为标准误。

从空间SARAR模型结果看，单位面积机械化水平（PM）回归系数为正，且在1%水平下显著，说明农业机械化水平提高有利于农业全要素生产率的贡献率提升即可使农业经济趋向效率和质量型增长。原因在于农业机械化的推广可以提高劳动生产率和要素边际产出，进而提升了技术效率，促进了农业经济增长模式向效率和质量型转变。单位面积化肥施用量（PF）系数在1%显著性水平下为负，说明农用化肥施用量的增加不利于农业经济的效率和质量型增长。原因在于农用化肥适当施用有利于提高土地生产率，但近年来，我国农用化肥施用量逐年增加，2018年化肥施用量达到5653.4万吨，比2003

年的4411.6万吨增长了约28.15%，农用化肥的大量施用已经造成了土壤性恶化、生态破坏等严重问题，且可能形成了增本不增产的现象，已不能形成对农业可持续产出的正向作用，阻碍了农业经济的效率和质量型增长。

资本劳动比（CL）估计系数为正，且在1%检验水平下显著，说明资本劳动比的升高可以提升农业全要素生产率对农业产出增长的贡献率，使农业经济倾向于效率和质量型模式发展；农业资本劳动比升高，表明县域的农业生产正由劳动密集型向资本密集型转变，即使农业生产倾向资本密集型在一定程度会增加农业产出对资本的依赖度，但相对比劳动密集型，资本密集型的技术进步抵消了要素投入贡献的负面影响，进而对工业经济增长模式转型形成了正向促进作用。农业服务业水平（AS）估计系数在1%水平下显著为正，说明农业服务业规模的扩大有利于农业经济增长向效率和质量型转型；这是由于随着农业服务业产值占比的增加，农业服务业发展逐渐趋于完善，可以形成对农业要素间的合理配置，提高生产效率，同时农业服务业带来的技术进步同样对农业生产形成提质增效的作用，进而促进农业经济增长模式的转型升级。

农业资产投资（IN）对农业全要素生产率的贡献率影响显著为负，说明现阶段县域农业资产投资的增加并没有带来农业经济的效率和质量型增长；这可能是由于我国现阶段农业资产投资的效率低、结构不合理造成其未能发挥正向作用，不能促进农业经济增长的转型。同时近年来一些相关研究（曾福生等，2014；李谷成等，2015）也显示农村资产投资额在逐年增加而投资效率却逐年降低，且存在结构不合理等问题。农业财政支出占比（AE）对农业全要素生产率的贡献率有显著的正向影响，说明农业财政支出占比的增加有利于农业经济增长趋于效率和质量型，原因在于农业弱质性和其在国民经济中的特殊地位，政府需要一定的农业支出来促进农业发展，且现阶段这样的支持可以促进农业经济增长模式的转型升级。城镇化率（UR）估计系数显著为负，说明城镇化率的提高在本阶段不利于农业全要素生产率贡献率的提升，可能是因为城镇化的快速推进，对农业要素的过度吸收，在此阶段形成了对农业生产的挤压作用；而第一产业占比（AP）系数显著为正，说明第一产业占比的升高在本阶段可以促进农业经济增长的转型，可能是由于农业产值的增加一方面也代表农业经济发展水平的提高，进而本阶段会对农业经济效率和质量型增长形成正向的促进作用。

三、稳健性检验

由于本部分分析的是农业全要素生产率贡献率的影响因素，并没有核心解释变量，稳健性从更换计量模型和更换空间权重矩阵两个方面进行检验。

(1) 更换计量模型。本部分仍然选择更换空间 SARAR 和 SEM 模型重新对数据进行实证检验，依次来检验结论是否稳健，具体结果如表 8-7 所示。

表 8-7 更换计量模型的估计结果

变量	SARAR	SDM
PM	0. 4980 ** (0. 2040)	0. 6300 *** (0. 2190)
PF	-0. 9692 *** (0. 2116)	-0. 9452 *** (0. 2040)
PI	-0. 8280 (2. 7240)	-0. 8293 (2. 854)
CL	0. 8299 *** (0. 2790)	0. 8462 ** (0. 3020)
AS	0. 2423 ** (0. 0816)	0. 4360 ** (0. 2160)
IN	-0. 3120 *** (0. 0756)	-0. 1820 ** (0. 0835)
FR	-0. 3890 *** (0. 0947)	-0. 3750 *** (0. 0985)
AE	0. 2730 *** (0. 0676)	0. 2950 *** (0. 0761)
UR	-0. 4190 *** (0. 0979)	-0. 3480 *** (0. 1110)
RE	0. 9750 (0. 8350)	1. 1010 (0. 8650)
AP	0. 4560 *** (0. 0573)	0. 4950 *** (0. 0597)

续表

变量	SARAR	SDM
rho	0. 659 ***	0. 473 ***
	(0. 0656)	(0. 0135)
sigma2_e	51. 82 ***	47. 91 ***
	(1. 868)	(1. 867)
常数项	0. 4220	0. 4497
	(0. 0763)	(0. 0734)
观测值	24402	24402
R^2	0. 3435	0. 280
总样本量	1743	1743

资料来源：Stata15. 1 软件输出。 *** 、 ** 、 * 分别表示在 1%、5%、10%的水平上显著；括号内为标准误。

从更换空间 SARAR 和 SEM 模型后的估计结果来看，农业机械化水平、资本劳动比、农业服务业水平、农业财政支出占比变量仍然是促进农业全要素生产率贡献率提升的关键因素，与基准模型基本一致，可以认为更换计量模型后，其结论仍然是稳健的。

（2）更换空间权重矩阵。本部分选择更换空间邻接矩阵来进行结论的稳健性检验，仍用空间 SARAR 和空间 SDM 模型估计，其他均不变，具体结果如表 8-8 所示。

表 8-8　更换空间权重矩阵的估计结果

变量	SARAR	SDM
PM	0. 7340 ***	0. 8880 ***
	(0. 1340)	(0. 1350)
PF	-0. 9550 ***	-0. 8860 **
	(0. 2841)	(0. 3990)
PI	-0. 9214	-0. 8350
	(2. 8980)	(2. 9070)
CL	0. 8760 ***	0. 6290 **
	(0. 2500)	(0. 2480)

续表

变量	SARAR	SDM
AS	0.2950*** (0.0822)	0.2712*** (0.0857)
IN	−0.3600*** (0.0715)	−0.1990** (0.0793)
FR	−0.3190*** (0.0912)	−0.1850* (0.0944)
AE	0.1220** (0.0617)	0.3340*** (0.0725)
UR	−0.1970** (0.0704)	−0.1911** (0.0694)
RE	−0.9400 (0.6830)	−1.2990* (0.6870)
AP	0.2580*** (0.0494)	0.2730*** (0.0502)
rho	0.686*** (0.0558)	0.315* (0.1830)
lambda	0.819*** (0.1270)	—
sigma2_e	53.33*** (2.170)	50.50*** (2.041)
常数项	0.4023*** (0.0724)	0.4157*** (0.0621)
观测值	24402	24402
R^2	0.3474	0.2733
总样本量	1743	1743

资料来源：Stata15.1 软件输出。***、**、*分别表示在1%、5%、10%的水平上显著；括号内为标准误。

从更换空间邻接权重矩阵的模型结果看，农业机械化水平、资本劳动比、农业服务业水平、农业财政支出占比变量对农业全要素生产率贡献率的影响显著为正即有利于农业经济的质量和效率型增长，而农业化肥施用量、农业投资、城镇化率变量对农业全要素生产率的贡献率有显著的负向影响即不利于农业经济的效率和质量型增长，结果与基准模型大体一致，可以认为更换空间邻接矩阵后，其结论仍然是稳健的。

第三节　农业全要素生产率对城乡收入差距的效应分析

孔子云“不患寡而患不均，不患贫而患不安，盖均无贫和无寡，安无倾”，说明了收入分配公平的重要性，居民收入水平的提高是经济不断发展成果的重要表现。从逻辑上看，全要素生产率是经济高质量增长的关键因素，而城乡收入差距则标度了增长成果在不同成员之间的分享程度。放在农业领域道理亦然，农业全要素生产率促进了农业的经济增长，会不会缩小城乡收入的差距？本节将实证验证农业全要素生产率提升带来的收入效应即城乡收入差距的缩小。

一、变量设定

本节被解释变量为城乡收入差距，在现有相关研究中，关于城乡收入差距的量化方法主要有城乡居民收入比和泰尔指数。鉴于县域相关数据的可获得性，采用城乡居民收入比作为城乡收入差距的衡量标准，即2004~2017年县域城镇居民人均可支配收入与农村居民人均纯收入的比值，该指标比值越大，表明城乡收入差距也越大（见表8-9）。

表8-9　2004~2017年县域整体及不同区域城乡收入差距

年份	全国	东部	中部	西部
2004	3.1021	2.6089	2.8375	3.7082
2005	3.1256	2.6526	2.8982	3.6858
2006	3.1926	2.7291	2.9310	3.7727
2007	3.1898	2.7538	2.9233	3.7518
2008	3.1483	2.7653	2.8595	3.6858
2009	3.1000	2.7570	2.8200	3.6000

续表

年份	全国	东部	中部	西部
2010	3.0616	2.7499	2.7814	3.5352
2011	2.9545	2.6416	2.6857	3.4198
2012	2.9316	2.6319	2.6668	3.3831
2013	2.6769	2.4629	2.4594	3.0221
2014	2.6206	2.4166	2.4080	2.9539
2015	2.6059	2.3982	2.4055	2.9324
2016	2.5947	2.3883	2.3983	2.9169
2017	2.5839	2.3818	2.3934	2.8980

资料来源：根据2004~2017年县域结果取均值得出。

从2004~2017年县域整体及东、中、西部县域城乡收入差距来看，可以发现无论是全国还是东、中、西部县域城乡收入差距均呈现先升后降的倒U形规律，从2006年开始全国及不同区域城乡收入差距呈逐年下降的态势；纵向对比来看，东、中、西部县域城乡收入差距呈依次递增的规律，西部县域城乡收入差距最大，中部次之，东部县域城乡收入差距最小。

核心解释变量为2004~2017年县域农业全要素生产率指数（TFP）；参考已有相关文献研究及数据的可获得性，选取的其他解释变量有：人均GDP（PG）、农业资产投资（IN）、财政收入占比（FR）、财政支出占比（FE）、产业结构（IS）和城镇化率（UR），具体描述性分析如表8-10所示。

表8-10　解释变量的描述性统计

变量	变量名称	平均值	最大值	最小值	标准差
TFP	农业全要素生产率指数	1.0974	1.2100	0.7060	0.1158
PG	人均GDP（万元）	1.9901	11.9880	0.0807	1.6534
IN	农业资产投资（亿元）	3.7971	59.6318	0.0027	6.0648
FR	财政收入占比（%）	5.7473	35.3240	0.4776	3.6511
FE	财政支出占比（%）	22.9792	46.3454	3.3464	19.0612
IS	产业结构（%）	86.1111	109.5529	52.0260	10.4756
UR	城镇化率（%）	18.8024	53.8640	3.9667	8.1782

资料来源：原始数据的整理和计算。

二、空间相关检验

（1）空间相关关系检验。在构建空间计量模型之前对被解释变量进行空间相关关系检验，本部分仍然采用 Moran's I 指数进行检验，结果如表 8-11 所示。

表 8-11　2004~2017 年 Moran's I 指数检验结果

年份	城乡收入差距	Z 值
2004	0. 020***	2. 876
2005	0. 022**	2. 266
2006	0. 029***	2. 945
2007	0. 031***	3. 111
2008	0. 038***	3. 657
2009	0. 027***	2. 855
2010	0. 023**	2. 501
2011	0. 022**	2. 429
2012	0. 024***	2. 622
2013	0. 026***	2. 766
2014	0. 028***	2. 882
2015	0. 030***	3. 059
2016	0. 029***	2. 977
2017	0. 027***	2. 828

资料来源：Stata15. 1 软件输出。***、**、* 分别表示在 1%、5%、10%的水平上显著。

从 Moran's I 指数的检验结果看，2004~2017 年县域间城乡收入差距均存在显著的空间相关关系，即产生了空间溢出效应，且 Moran's I 指数为正值，说明这种空间相关关系表现为正向的空间溢出效应，即邻接县域的城乡收入差距会受到彼此的正向影响。

（2）多重共线性检验。进行变量的多重共线性检验。第一步，进行相关系数检验，检验结果显示变量之间相关性系数最高值为 0. 4495，表明变量间的相关性不大。

第二步，进行方差膨胀因子检验，表 8-12 的检验结果显示：VIF 的最大值为 2. 16，膨胀因子 VIF 的均值为 1. 56，远小于 10。通过检验结果说明变量间不存在多重共线性。

表 8-12 变量方差膨胀因子 VIF 检验结果

变量	VIF	1/VIF
IS	2. 16	0. 4635
PG	1. 92	0. 5218
FE	1. 75	0. 5717
IN	1. 43	0. 7006
FR	1. 42	0. 7019
UR	1. 20	0. 8342
TFP	1. 07	0. 9363
均值	1. 56	0. 6757

资料来源：Stata15. 1 软件输出。

三、实证结果分析

首先通过 Hausman 检验，拒绝原假设，应选择“固定效应模型”。其次空间自回归系数（rho）与空间误差项系数（lambda）均显著，印证了 Moran's I 指数的检验结果，且空间 SARAR 和 SDM 模型结果大体一致，下面基于空间 SARAR 模型结果进行分析（见表 8-13）。

表 8-13 空间计量模型的估计结果

变量	SARAR	SDM
TFP	-0. 9100***	-0. 9380**
	(0. 2530)	(0. 3510)
PG	-0. 0385***	-0. 0269***
	(0. 0082)	(0. 0093)
IN	0. 0038*	0. 0080***
	(0. 0020)	(0. 0024)

续表

变量	SARAR	SDM
FR	-0.0145*** (0.0033)	-0.0130*** (0.0034)
IS	-0.0055*** (0.0021)	-0.0047** (0.0022)
FE	-0.0044*** (0.0008)	-0.0028*** (0.0009)
UR	0.0027 (0.0031)	0.0053 (0.0033)
rho	0.609*** (0.0699)	0.356*** (0.1080)
lambda	0.904*** (0.2818)	—
sigma2_e	0.0311*** (0.0015)	0.0302*** (0.0014)
常数项	0.1691*** (0.0381)	0.1323*** (0.0279)
Hausman	120.39***	120.39***
观测值	24402	24402
R^2	0.4037	0.3588
总样本量	1743	1743

资料来源：Stata15.1 软件输出。***、**、* 分别表示在 1%、5%、10%的水平上显著；括号内为标准误。

空间计量模型的估计结果显示，县域农业全要素生产率对城乡收入差距有显著的负向影响，且通过了 1%显著性水平的检验，说明农业全要素生产率的提升可以显著减小县域的城乡收入差距。至于原因可以从以下三个方面分析：第一，农业全要素生产率可以提高农业要素生产效率，进一步提高劳动和土地生产率，从而提高农业产出，增加了农民的农业收入。第二，农业全要素生产率提升通过规模效率的提高可以发展资本密集型生产模式，进而促进农业劳动力要素往非农部门流动，从而提高了农民的非农收入水平。第三，农业全要素生产率的提高可显著促进要素投入效率，提高农业产出，这样一方面降低了农业投入成本，另一方面增加了农产品的相对价值，随着农业经济发展水平的提高会吸引一部分城镇居民尤其是在城镇中收入处于中下等的居民转而投入到农业生产中，从而减小了城乡的收入差距。

从控制变量的估计结果看，人均 GDP、产业结构、财政支出占比和财政收入占比的提高可以显著促进县域城乡收入差距的减小；而农业投资占比却扩大了城乡收入差距，城镇化率对城乡收入差距的影响没有通过显著性检验。

四、稳健性检验

本部分同样从三个方面对面板数据进行稳健性讨论：一是重新构建核心解释变量来检验结论稳健与否；二是变换计量模型来检验结果的稳健性；三是更换权重矩阵，按照不同的邻接关系调整样本的权重矩阵来检验。

（1）更换核心解释变量。由于全要素生产率的分解指数可以解释其作用机理，可以近似替代核心解释变量农业全要素生产率。因此，本部分选用县域农业技术效率和技术进步作为农业全要素生产率的替代变量来进行稳健性检验，同样利用空间 SARAR 和 SDM 模型进行估计，具体结果如表 8-14 所示。

表 8-14 更换核心解释变量的估计结果

变量	SARAR	SDM
TCH	-0.2190***	-0.4920**
	(0.0787)	(0.2380)
ECH	-0.8691***	-0.7790***
	(0.0652)	(0.2650)
PG	-0.0384***	-0.0277***
	(0.0081)	(0.0092)
IN	0.0036**	0.0086***
	(0.0014)	(0.0020)
FR	-0.0147***	-0.0132***
	(0.0033)	(0.0034)

续表

变量	SARAR	SDM
IS	-0.0052** (0.0021)	-0.0043** (0.0021)
FE	-0.0043*** (0.0008)	-0.0026*** (0.0009)
UR	0.0026 (0.0031)	0.0054 (0.0033)
rho	0.613*** (0.0690)	0.375*** (0.105)
lambda	0.905*** (0.2814)	—
sigma2_e	0.0312*** (0.0015)	0.0303*** (0.0014)
常数项	1.778*** (0.3270)	1.461*** (0.2790)
Hausman	121.00***	121.00***
观测值	24402	24402
R^2	0.3996	0.3582
总样本量	1743	1743

资料来源：Stata15.1 软件输出。***、**、*分别表示在1%、5%、10%的水平上显著；括号内为标准误。

更换核心解释变量后，以空间 SARAR 模型为例，估计结果显示农业技术效率和技术进步对县域城乡收入差距均有显著的负向影响，且均通过了1%显著性水平的检验，说明农业技术效率和技术进步水平的提高可以显著缩小县域城乡的收入差距，与基准模型结果一致；其他解释变量的估计结果也与基准模型大体一致，可认为更换核心解释变量后，模型得出的结果是稳健的。

（2）更换计量模型。本部分仍然选择更换空间 SARAR 的模型和空间 SEM 模型重新对数据进行实证检验，依次来检验结论是否稳健，具体结果如表 8-15 所示。

表 8-15 更换计量模型的估计结果

变量	SARAR	SEM
TFP	-0.9890*** (0.3230)	-1.0590** (0.5280)
PG	-0.0323*** (0.0074)	-0.0307*** (0.0090)
IN	0.0036* (0.0018)	0.0059** (0.0023)
FR	-0.0131*** (0.0031)	-0.0141*** (0.0032)
IS	-0.0058*** (0.0019)	-0.0043** (0.0021)
FE	-0.0047*** (0.0008)	-0.0047*** (0.0009)
UR	0.0047 (0.0029)	0.0062* (0.0032)
rho	0.724*** (0.0642)	—
lambda	—	0.826*** (0.0444)
sigma2_e	0.0305*** (0.0012)	0.0279*** (0.0012)
观测值	24402	24402
R^2	0.3447	0.2142
总样本量	1743	1743

资料来源：Stata15.1 软件输出。***、**、* 分别表示在 1%、5%、10%的水平上显著；括号内为标准误。

更换计量模型后，估计结果显示农业全要素生产率对县域城乡收入差距有显著的负向影响，且通过了 1%显著性水平的检验，与基准模型估计结果一致；其他解释变量也与基准模型结果大体一致，可以认为更换计量模型后，其结论仍然是稳健的。

（3）更换空间权重矩阵。本部分更换空间邻接矩阵来进行结论的稳健性检验，仍用空间 SARAR 和空间 SDM 模型估计，其他均不变，具体结果如表 8-16 所示。

表 8-16　更换空间权重矩阵的估计结果

变量	SARAR	SDM
TFP	-0.8145** (0.3539)	-0.7700*** (0.2140)
PG	-0.0354*** (0.0079)	-0.0267*** (0.0092)
IN	0.0032** (0.0014)	0.0080*** (0.0020)
FR	-0.0154*** (0.0033)	-0.0124*** (0.0034)
IS	-0.0061*** (0.0021)	-0.0050** (0.0022)
FE	-0.0043*** (0.0008)	-0.0029*** (0.0009)
UR	0.0032 (0.0031)	0.0058* (0.0033)
rho	0.690*** (0.0595)	0.400*** (0.1010)
lambda	0.905*** (0.2813)	—
sigma2_e	0.0314*** (0.0015)	0.0307*** (0.0014)
常数项	1.743*** (0.3020)	1.474*** (0.2360)
观测值	24402	24402
R^2	0.3359	0.3924
总样本量	1743	1743

资料来源：Stata15.1 软件输出。***、**、*分别表示在 1%、5%、10%的水平上显著；括号内为标准误。

更换为空间邻接权重矩阵后，两个模型估计结果显示农业全要素生产率的估计系数显著且均为负，分别通过了5%和1%显著性水平的检验，与基准模型结果基本一致，而其他解释变量估计结果也与基准模型大体一致，可认为更换空间邻接矩阵后所得结果仍然是稳健的。

第四节 本章小结

本章对县域农业全要素生产率提升带来的效应进行了分析，主要从两个方面来分析：一方面，县域农业全要素生产率对农业经济增长的贡献效应分析；此部分首先测度了农业全要素生产率对农业产出增长的贡献率，其次对农业全要素生产率贡献率的影响因素进行了探索；另一方面，县域农业全要素生产率对城乡收入差距的效应分析；验证了农业全要素生产率的提升可以缩小城乡收入差距的研究假说。

主要有以下四点研究发现：

第一，2004~2017年县域农业全要素生产率和农业资本要素是农业产出贡献率的主要推动力，两者贡献率比例分别为42.57%和43.54%，对农业产出贡献率比例总共达到86.11%；而农业劳动力和土地要素对农业产出的贡献程度微弱。2004~2017年县域农业全要素生产率对农业产出的贡献率呈现先降后升的U形趋势，而农业资本要素对农业产出的贡献率呈现不断升高的态势，贡献率从2004年的35.12%逐渐升高到2017年的57.54%，成为拉动农业产出的第一驱动力。

第二，不同区域间农业产出增长主要靠农业资本要素的投入和全要素生产率的提升，而农业土地和劳动力对于农业产出增长的拉动作用较小。其中，东、中、西部县域农业全要素生产率及资本要素投入对农业产出的贡献率呈现依次递减的规律，而东、中、西部县域农业劳动力和土地要素对农业产出的贡献率呈现依次递增的现象，且东部和中部县域农业劳动力要素投入已经不能拉动农业产出的增长，而西部县域农业劳动力对农业产出增长仍有一定的拉动作用。

第三，2004~2017年县域农业经济增长对资本要素投入的依赖程度有增强的趋势，这不利于农业经济向效率和质量型增长。而农业全要素生产率贡献的增加有利于农业经济增长转型升级，其中农业机械化水平、资本劳动比、农业服务业水平、农业财政支出规模的提高是促进农业经济转向效率和质量型模式增长的关键因素，而农业化肥施用量、农业投资、城镇化率的提高不利于农业经济增长的转型升级。

第四，2004~2017 年县域整体及不同区域城乡收入差距均呈现先升后降的倒 U 形规律，且东、中、西部县域城乡收入差距呈依次递增的规律。通过实证验证了农业全要素生产率的提升可以显著减小县域的城乡收入差距，并从增加农民农业收入、非农收入等方面进行分析解释。

第九章

结论与政策建议

第一节 结论

本书基于2003~2017年中国县域农业面板数据，构建理论分析框架，利用理论分析和数理推导分析要素禀赋变化对农业结构升级的影响机理，及以农业结构升级对农业全要素生产率的影响作用为基础。首先，运用要素禀赋理论测度县域农业土地、资本和劳动力要素禀赋系数，运用产业结构理论测度县域农业结构合理化、高级化和服务化指数，利用空间SARAR模型揭示要素禀赋对农业结构升级的影响关系并揭示其影响机理；其次，采用DEA-Malmquist指数法测度县域农业全要素生产率指数，进一步分析其动态变化及收敛趋势，并利用空间计量模型和门槛效应模型实证检验农业结构升级对农业全要素生产率的非线性影响与作用路径；最后，分析农业全要素生产率提升带来的作用效应。据此提出促进县域农业结构优化升级及全要素生产率提升的相应对策建议。

本书的主要结论如以下八点所述：

第一，2003~2017年，中国县域整体农业土地和资本要素禀赋系数有逐渐升高的态势，而农业劳动力要素禀赋系数则出现了逐渐下降的趋势；农业劳动力和土地要素禀赋结构指数有逐渐下降的态势，而农业资本要素禀赋指数却有快速升高的趋势，且2003~2009年中国县域要素禀赋结构出现固化的迹象。2003~2017年东、中、西部县域均出现资本对劳动力的逐渐替代，使资本在要素禀赋结构所占份额逐年快速上升，而劳动力要素在要素禀赋结构中所占份额却逐年下降，东、中、西部县域土地要素在要素禀赋结构中所占份额均有缓慢下降趋势。2003~2017年中国县域整体农业结构逐渐趋于合理化，而县域整体农业结构高级化水平在2008~2015年出现恶化情况之后得到缓解，同时农业结构服务化水平呈现逐年升高的态势。

第二，农业资本要素禀赋系数的提高可以促进县域农业结构合理化、高级化和服务化水平的提高。土地要素禀赋系数的提高仅可以促进农业结构合理化和服务化水平的提高，而劳动力要素禀赋系数升高阻碍了农业结构合理化、高级化和服务化水平的提高，即县域农业结构优化升级需要适当提高农业资本要素的相对丰裕程度，而适当降低劳动力要素的相对丰裕。从东、中、西县域来看，土地要素相对丰裕可以促进中部和西部县域农业结构合理化水平的提高，但却仅可以促进中部县域农业结构高级化和合理化水平的提高；资本要素禀赋系数的提高可以显著促进东、中、西部县域农业合理化、高级化和服务化水平的提高，且对中部和西部县域的促进作用较大；劳动力要素的相对丰裕阻碍了东、中、西部县域农业合理化、高级化和服务化水平的提高，同样对中部和西部县域的阻碍较大。

第三，基于技术进步偏向视角分析了要素禀赋对农业结构升级的影响机理，发现2004~2017年县域整体上属于资本偏向型农业技术进步，且要素配置偏向于资本；绝大多数年份农业要素配置偏向与技术进步偏向相匹配；通过实证分析验证了县域农业要素禀赋与技术进步偏向同时偏向资本时，两者共同作用可以促进县域农业结构的合理化、高级化和服务化水平的提高，且农业技术进步偏向资本有利于农业结构的升级。

第四，2004~2017年中国县域整体农业全要素生产率呈现波动中下降的趋势，其中农业全要素生产率和技术进步指数整体上大于技术效率指数，即县域整体的技术效率水平相对较低；技术进步水平的提高是县域整体农业全要素生产率增长的主要源泉。不同区域农业全要素生产率存在差异，中、东、西部县域农业全要素生产率指数呈现依次递减的趋势，中部县域农业全要素生产率上升最快。县域农业全要素生产率、技术效率和技术进步的变异系数值均不大，但波动较明显，且考察期内并未呈现显著的下降趋势，即县域农业全要素生产率、技术效率和技术进步均未呈现显著的 δ 收敛趋势。县域农业全要素生产率、技术效率和技术进步均存在显著的绝对 β 收敛现象，且农业技术效率的绝对收敛速度略快，农业技术进步收敛速度次之，而农业全要素生产率的绝对收敛速度较慢。县域农业全要素生产率、技术效率和技术进步均出现了显著的条件 β 收敛趋势；其中农民人均纯收入、第一产业投资和劳均耕地面积的提高有利于县域农业全要素生产率的形成收敛，而产业结构、财政收入和劳均资本量阻碍了县域农业全要素生产率的收敛。

第五，农业结构合理化和高级化水平的提高均有利于农业全要素生产率的提升，而农业结构服务化水平的提高反而阻碍了农业全要素生产率的提升。其中农业结构高级化对农业全要素生产率的提升作用主要通过提高技术进步来实现，而农业结构合理化和服务化对农业全要素生产率的影响作用通过技术进步和技术效率共同作用完成。农业结构高级化水平的提高均促进了东、中、西部县域农业全要素生产率的提升，且对东部县域的促进作用最大；农业结构服务化对东、中、西部县域农业全要素生产率均形成了阻碍作用，且对西部的阻碍作用最大；而农业结构高级化仅促进了东部和西部县域农业全要素生产率的提升，对中部县域的提升作用不明显。农业结构升级对东、中、西部农业全要素生产率的影响作用均通过技术进步途径实现，而技术效率实现途径不明显。

第六，当劳均耕地作为门槛变量时，农业结构升级各指标对农业全要素生产率均存在非线性的影响且存在单一门槛，随着劳均耕地面积的增加，农业结构高级化和合理化对农业全要素生产率及分解指数的提升作用均不断增强，而农业结构服务化对农业全要素生产率及分解指数的影响由阻碍转变为促进作用。当劳均资本作为门槛变量时，存在双重门槛且值分别为 0. 1280 和 0. 2070，随着劳均资本量的增加，农业结构高级化和合理化对农业全要素生产率及分解指数的提升作用均不断增强，而农业结构服务化在第一、第二区间时对农业全要素生产率及分解指数有显著的阻碍作用，当跨过门槛值 0. 2070 时，其对农业全要素生产率及分解指数的影响由阻碍转为促进。

第七，2004~2017 年县域农业全要素生产率和农业资本要素是农业产出贡献率的主要推动力，两者贡献率比例分别为 42. 57%和 43. 54%，对农业产出贡献率比例总共达到了 86. 11%；而农业劳动力和土地要素对农业产出的贡献程度微弱。2004~2017 年县域农业全要素生产率对农业产出的贡献率呈现出先降后升的 U 形趋势，而农业资本要素对农业产出的贡献率呈现不断升高的态势，贡献率从 2004 年的 35. 12%逐渐升高到 2017 年的 57. 54%，成为拉动农业产出的第一驱动力。

第八，2004~2017 年县域农业经济增长对资本要素投入的依赖程度有增强的趋势，这不利于农业经济的效率和质量型增长。而农业全要素生产率的贡献增加有利于农业经济增长转型升级，其中农业机械化水平、资本劳动比、农业服务业水平、农业财政支出规模的提高是促进农业经济转向效率和质量型模式增长的关键因素，而农业化肥施用量、农业投资、城镇化率的提高反而不利于农业经济增长的转型升级。2004~2017年县域整体及东、中、西部县域城乡收入差距均呈现先升后降的倒U形规律，且东、中、西部县域城乡收入差距呈依次递增的规律；通过实证分析验证了农业全要素生产率的提升可以显著减小县域的城乡收入差距，并从增加农民农业收入、非农收入等方面进行分析解释。

第二节　政策建议

第一，加强县域之间农业产业的有效结合，打破行政障碍，促进县域间农业生产要素自由流动，进而激发地区释放更多的正向溢出效应，实现县域间农业结构的共同升级。劳动力、资本在跨区域流动过程中遇到了诸多制度性或行政性障碍，应尽快给要素市场“松绑”，通过打破行政层级壁垒和地方保护主义来释放“制度红利”以弥补“人口红利”和“结构红利”的消解。各县域地区在迎接要素禀赋变化带来的挑战的同时，也要抓住农业转型过程中要素价格变化带来的机遇，选择与当地要素禀赋、农业生产条件相协调的农业产业结构升级方向，推动要素之间的有效替代、对流和转移；通过优化农业资本、劳动力和土地要素的有效配置，促进农业技术进步，推进农业结构优化升级，提高农业全要素生产率，进而推进农业高质量发展。

第二，农业资本要素的相对丰裕对农业结构优化升级的影响力显著，因此不仅要及时调整各类要素禀赋数量与其配套，而且更要重视农业资本市场的培育与完善，加强招商引资的力度，疏通和拓展资金流通渠道，以确保县域农业生产中资本要素的相对充裕；而劳动力要素的相对丰裕阻碍了农业结构的优化升级。因此，继续促进农业劳动力在农业产业间或农业与非农产业间的流动，加快农业资本对劳动力要素的替代速度；各县域应根据自身的要素禀赋结构来发展具有比较优势的农业产业，若背离农业自身的要素禀赋，盲目追求农业结构升级，则会难以为继、得不偿失。

第三，农业劳动力转移带来的劳动力要素成本上升加速了农业“资本化”的进程，资本要素对劳动力和土地要素的替代效应十分明显，且这种资本体现式技术进步推进了中国县域整体的农业结构优化升级，促进了农业全要素生产率的增长。因此，各县域可根据当地的经济发展水平、要素资源禀赋，完善农业生产基础设施条件，因地制宜地引导和适时地推进农业机械化，不能“一刀切”，从而提高农业物质装备水平和资本要素的替代效率，促进农业全要素生产率增长，推动农业的高质量发展。

第四，逐步推进土地要素的集约化、规模化，努力拓展农村土地的“流”，使土地资源变“活”，为农业生产发展中资本要素的注入创造条件。一方面，在坚持“十八亿亩红线”不能破的基础上，继续有序推进土地流转，积极鼓励培育多种形式的新型农业经营主体，发展适度规模经营，逐步扩大农户种植规模；另一方面，继续推进农村劳动力转移，发展农业职业教育，提高农业从业人员的专业素质，培养爱农业、懂技术、善经营的新型职业农民，实现农业资本、土地和劳动力要素的有效集聚和优化配置，为农业全要素生产率的提高和农业高质量发展奠定基础、保驾护航。

第五，增强科技创新的驱动作用，提高投入要素的合理配置，在推动技术进步的同时，要采取措施重点改善稳步提升技术效率，最终实现农业技术进步和技术效率对农业全要素生产率的“双轨驱动”。本书结论显示中国县域农业结构升级对农业全要素生产率的提升作用主要通过技术进步推动，技术效率贡献不足。因此，要进一步推动农业技术的创新与推广，加快农业科技转化率，不断促进农业机械化、信息化等现代农业发展方式，提升农业技术效率，进而提高农业全要素生产率。

第六，增加农业服务业基础设施投入，打破地方保护主义壁垒，促进要素合理流动，提高农业结构优化升级和技术进步在县域之间的空间溢出效应。研究结论显示，农业结构合理化、高级化和服务化对邻近地区产生了显著的空间正向溢出效应，同时农业全要素生产率、技术进步和技术效率的提升也有显著的正向溢出效应，但中国县域农业全要素生产率近几年出现逐渐减弱的倾向。因此，经济发达县域应积极推进多种形式的空间集聚模式，充分发挥经济发达县域在农业发展过程中的“技术池”和“市场区”作用，为邻近县域提供人才和技术支撑，逐渐带动其他县域农业全要素生产率提升的规模效应，以促进县域间经济及农业的协调发展。

第七，优化农业服务业发展结构，实现农民与农业服务业的有效结合，推动农业服务业内部结构升级，促进农业公共型服务业的有效集聚。一方面，合理调整农业公共服务业投入的结构，增加县域农业层面科技、教育和基础设施等公共服务领域的投资，推进农业公共服务业的知识化、信息化发展；另一方面，推动农业现代服务业和公共服务业的互动集聚发展，发挥各自优势，实现两者的专业化效应和知识溢出效应，积极推进新知识、新技术的快速传播，有效实现第一、第二、第三产业高层次的有机融合。

参考文献

[1] Acemoglu D., Zilibotti F. Productivity Differences [J]. NBER Working Paper, 1999 (4): 68-79.

[2] Adam A., Delis M. D., Kammas P. Fiscal Decentralization and Public Sector Efficiency: Evidence from OECD Countries [J]. Economics of Governance, 2014, 15 (1): 17-49.

[3] Alston J. M., Andersen M. A., James J. S., et al. Persistence Pays: U. S. Agricultural Productivity and the Benefits from Public R&D Spending [M]. New York: Springer, 2011.

[4] Andres Rodriguez-Pose. Do Institutions Matter for Regional Development? [J]. Regional Studies, 2013, 47 (7): 1034-1047.

[5] Atkinson A. B., Stiglitz. J. E. A New View of Technological Change [J]. Economic Journal, 1969 (6): 573-578.

[6] Bardhan P. Decentralization of Governance and Development [J]. Journal of Economic Perspectives, 2002, 16 (4): 185-205.

[7] Barro, Sala-I-Martin. Convergence across States and Regions [J]. Journal of Political Economy, 1992 (2): 100.

[8] Barro R., Sala-I-Martin X. Technological Diffusion, Convergence, and Growth [J]. Journal of Economic Growth, 1997 (5): 1-26.

[9] Baskaran T., Feld L. P. Fiscal Decentralization and Economic Growth in OECD Countries: Is There a Relationship? [J]. Public Finance Review, 2009, 41 (4): 3-47.

[10] Basu S., Weil D. Technology and Growth [J]. Quarterly Journal of Economics, 1998 (4): 1025-1054.

[11] Battese G., Coelli T. A Model for Technical Inefficiency Effects in a Stochastic Frontier Production Function for Panel Data [J]. Empirical Economics, 1995 (20): 325-332.

[12] Bgardner. A Theory of Trade Policy Leadership [J]. Journal of Development Economics, 2000, 65 (1): 1-29.

[13] Bracalente B., Cristiano P. The Components of Regional Disparities in Europe [J]. Ann Reg Sci, 2010, 44 (3): 621-645.

[14] Bucovetsky S. Public Input Competition [J]. Journal of Public Economics, 2005, 89 (10): 1763-1787.

[15] Busemeyer M. R. From Myth to Reality: Globalisation and Public Spending in OECD Countries Revisited [J]. European Journal of Political Research, 2009, 48 (4): 455-482.

[16] Chavas J. P., Roth M. Farm Household Production Efficiency: Evidence from the Gambia [J]. American Journal of Agricultural Economics, 2005, 87 (1): 160-179.

[17] David Orden, David Blandford, Tim Josling. WTO Disciplines On Agricultural Support [M]. Cambridge University Press, 2010 (3): 66-67.

[18] Dewan S., Kraemer K. L. International Dimensions of the Productivity Paradox [J]. Communications of the ACM, 1998, 41 (8): 56-62.

[19] Elliott J., Fullerton D. Can a Unilateral Carbon Tax Reduce Emissions Elsewhere? [J]. Resource&Energy Economics, 2014, 36 (1): 6-21.

[20] Elliott J., Deryng D., Muller C. Constraints and Potentials of Future Irrigation Water Availability on Agricultural Production under Climate Change [J]. Proceedings of the National Academy of Sciences, 2014, 111 (9): 3239-3244.

[21] Fagerberg J. Technological Progress, Structural Change and Productivity Growth: A Comparative Study [J]. Structural Change&Economic Dynamics, 2000, 11 (4): 393-411.

[22] Feenstra R. C., Inklaar R., Timmer M. P. The Next Generation of the Penn World Table [J]. American Economic Review, 2015, 105 (10): 3150-3182.

[23] Fraser R. W. Support Effects on EC Producers [J]. Journal of Agricultural Economics, 1991, 42 (1): 1-11.

[24] Gale Fred. Protection for Sale [J]. American Economic Review, 2005 (84): 833-850.

[25] Grisorio M. J., Prota F. The Short and the Long Run Relationship between Fiscal Decentralization and Public Expenditure Composition in Italy [J]. Economics Letters, 2015 (130): 113-116.

[26] Hansen B. E. Threshold Effects in Non-dynamic Panels: Estimation, Testing and Inference [J]. Journal of Econometrics, 1999, 93 (2): 345-368.

[27] Hayami Y., Ruttan V. W. Factor Prices and Technical Change in Agricultural Development: The United States and Japan, 1880-1960 [J]. The Journal of Political Economy, 1970, 78 (5): 1115-1141.

[28] He Q. Fiscal Decentralization and Environmental Pollution: Evidence from Chinese Panel Data [J]. China Economic Review, 2015 (36): 86-100.

[29] Henderson J. V., Becker R. Political Economy of City Sizes and Formation [J]. Journal of Urban Economics, 2000 (48): 453-484.

[30] Huravskaya E. V. Incentives to Provide Local Public Goods: Fiscal Federalism, Russian Style [J]. Journal of Public Economics, 1998, 76 (3): 337-368.

[31] J. Paul Elhorst. Applied Spatial Econometrics: Raising the Bar [J]. Spatial Economic Analysis, 2010, 5 (1): 9-28.

[32] Stiglitz J. E. Concepts of Variable Rate Technology with Considerations for Fertilizer Application [J]. Journal of Production Agriculture, 1998, 7 (2): 195-201.

[33] Ju J., Lin J., Wang Y. Endowment Structures, Industrial Dynamics and Economic Growth [J]. Policy Research Working Papers Series, 2009 (7): 1-45.

[34] Kathrin Happe. Does Fiscal Decentralization Foster Regional Investment in Productive Infrastructure? [J]. European Journal of Political Economy, 2003 (3): 15-25.

[35] Kulak M., Nemecek T., Frossard E., et al. How Eco-Efficient Are Low-Input Cropping Systems in Western Europe, and What Can Be Done to Improve Their Eco-Efficiency? [J]. Sustainability, 2013, 5 (9): 3722-3743.

[36] Laney P. W. World Market Trends for Soybean Products [J]. The Agro-food Processing Sector in China: Developments and Policy Challenges, 2000 (1):

173-196.

[37] Lee L. F., Yu J. Estimation of Spatial Autoregressive Panel Data Models with fixed Effects [J]. General Information, 2010, 154 (2): 165-185.

[38] Libman A., Feld L. P. Strategic Tax Collection and Fiscal Decentralization: The Case of Russia [J]. German Economic Review, 2013, 14 (4): 449-482.

[39] Lin J. Y., Tan G. Policy Burdens, Accountability, and the Soft Budget Constraint [J]. American Economic Review: Papers and Proceedings, 1999 (6): 26-39.

[40] Lobell D. B., Schlenker W., Costa-Roberts J. Climate Trends and Global Crop Production since 1980 [J]. Science, 2011, 333 (6042): 616-620.

[41] León-Ledesma M. A., McAdam P., Willman A. Identifying the Elasticity of Substitution with Biased Technical Change [J]. The American Economic Review, 2010, 100 (4): 1330-1357.

[42] Martin S., Weber A. P., Gerhard K. Uncertainty Analysis of an Irrigation Scheduling Model for Water Management in Crop Production [J]. Agricultural Water Management, 2015, 155 (3): 100-112.

[43] Mekonnen M. M., Hoekstra A. Y. Water Footprint Benchmarks for Crop Production: A First Global Assessment [J]. Ecological Indicators, 2014, 46 (11): 214-223.

[44] Michaels G., Rauch F., Redding S. J. Urbanization and Structural Transformation [J]. The Quarterly Journal of Economics, 2012, 127 (2): 535-586.

[45] Nerlove M., Bessler D. Expectations, Information and Dynamics [J]//Gardner B. & Rausser G. (Eds) Handbook of Agricultural Economics: Vol. I, Amsterdam: Elsevier Science, 2001 (61): 874-888.

[46] Oates W. E., Banzhaf H. S. On Fiscal Illusion and Ricardian Equivalence in Local Public Finance [J]. Nber Working Papers, 2012, 66 (3): 635-664.

[47] Pfister S., Bayer P. Monthly Water Stress: Spatially and Temporally Explicit Consumptive Water Footprint of Global Crop Production [J]. Journal of Cleaner Production, 2013, 73 (12): 52-62.

[48] Plant R. E. Site-specific Management: The Application of Information Technology to Crop Production [J]. Computers and Electronics in Agriculture,

2001, 30 (1): 9-29.

[49] Rey S. J., Montouri B. D. US Regional Income Convergence: A Spatial Econometric Perspective [J]. Regional Studies, 1999, 33 (2): 143-156.

[50] Rodden J. Reviving Leviathan: Fiscal Federalism and the Growth of Government [J]. International Organization, 2003, 57 (4): 695-729.

[51] Sawyer J. E. Concepts of Variable Rate Technology with Considerations for Fertilizer Applicationb [J]. Journal of Production Agriculture, 1994, 7 (2): 195-201.

[52] Shao B. B., Lin W. T. Measuring the Value of Information Technology in Technical Efficiency with Stochastic Production Frontiers [J]. Decision Support Systems, 2001, 43 (7): 447-456.

[53] Sergio J. Rey, Boris Dev. Sigma Convergence in the Presence of Spatial Effects [J]. Papers in Regional Science, 2006, 85 (2): 217-234.

[54] Šefan Bojnec. Changing Role of the Slovenian Defence Industry [J]. Industrial Management & Data Systems, 2013 (113): 875-889.

[55] Sudhakar P., Reck M., Wang W., et al. Fiscal Decentralization in China: A Literature Review [J]. Annals of Economics and Finance, 2014, 15 (1): 51-65.

[56] Sunil Kanwar. Relative Profitability, Supply Shifters and Dynamic Output Response, in a Developing Economy [J]. Journal of Policy Modeling, 2006 (28): 67-88.

[57] Tanuwidjaja E., Thangavelu S. Structural Change and Productivity Growth in the Japanese Manufacturing Industry [J]. Global Economic Review, 2007, 36 (4): 385-405.

[58] Wang L., Szirmai A. Productivity Growth and Structural Change in Chinese Manufacturing, 1980-2002 [J]. Industrial and Corporate Change, 2008, 17 (4): 841-874.

[59] Weber W. L., Domazlicky B. R. Total Factor Productivity Growth in Manufacturing: A Regional Approach Using Linear Programming [J]. Regional Science and Urban Economics, 1999, 29 (1): 105-122.

[60] Wilson P., Glithero N. J., Ramsden S. J. Prospects for Dedicated En-

ergy Crop Production and Attitudes towards Agricultural Straw Use: The Case of Livestock Farmers [J]. Energy Policy, 2014 (74): 101-110.

[61] Wuyouny. A Political Economy Approach [J]. Quarterly Journal of Economics, 1997 (113): 227-251.

[62] 陈启博. 农村金融发展与农业全要素生产率——基于经营规模视角的门槛效应分析 [J]. 甘肃金融, 2019 (8): 48-52.

[63] 陈诗一. 中国的绿色工业革命: 基于环境全要素生产率视角的解释 (1980—2008) [J]. 经济研究, 2010, 45 (11): 21-34.

[64] 陈文胜. 中国县域发展的基本特征与历史演进 [J]. 中国发展观察, 2014 (6): 30-31.

[65] 蔡跃洲, 付一夫. 全要素生产率增长中的技术效应与结构效应——基于中国宏观和产业数据的测算及分解 [J]. 经济研究, 2017, 52 (1): 72-88.

[66] 崔秀丽. 中国利率传导机制研究 [M]. 北京: 经济管理出版社, 2020.

[67] 丁博, 曹希广, 邓敏等. 生产性服务业对制造业生产效率提升效应的实证分析——基于中国城市面板数据的空间计量分析 [J]. 审计与经济研究, 2019, 34 (2): 116-127.

[68] 杜江. 中国农业全要素生产率增长及其时空分异 [J]. 科研管理, 2015, 36 (5): 87-98.

[69] 付明辉, 祁春节. 要素禀赋、技术进步偏向与农业全要素生产率增长——基于28个国家的比较分析 [J]. 中国农村经济, 2016 (12): 76-90.

[70] 干春晖, 郑若谷, 余典范. 中国产业结构变迁对经济增长和波动的影响 [J]. 经济研究, 2011, 46 (5): 4-16.

[71] 高鸣. 气候变化下的农业生产率再估计 [J]. 中国软科学, 2018 (9): 26-39.

[72] 郭庆海. 吉林省农业服务业发展探析 [J]. 吉林农业大学学报, 2015, 37 (5): 505-511.

[73] 韩海彬, 张莉. 农业信息化对农业全要素生产率增长的门槛效应分析 [J]. 中国农村经济, 2015 (8): 11-21.

[74] 韩永辉, 黄亮雄, 邹建华. 中国经济结构性减速时代的来临 [J].

统计研究，2016，33（5）：23-33.

［75］郝爱民．农业生产性服务对农业技术进步贡献的影响［J］．华南农业大学学报（社会科学版），2015，14（1）：8-15.

［76］郝大江．区域经济增长的空间回归——基于区域性要素禀赋的视角［J］．经济评论，2009（2）：127-132.

［77］郝一帆，王征兵．生产性服务业能提升中国农业全要素生产率吗？［J］学习与实践，2018（9）：39-50.

［78］何喜军，魏国丹，张婷婷．区域要素禀赋与制造业协同发展度评价与实证研究［J］．中国软科学，2016（12）：163-171.

［79］贺晓宇，沈坤荣．现代化经济体系、全要素生产率与高质量发展［J］．上海经济研究，2018（6）：25-34.

［80］贺京同，何蕾．要素配置、生产率与经济增长——基于全行业视角的实证研究［J］．产业经济研究，2016（3）：11-20.

［81］胡晨沛，李辉尚．1978—2015 年中国农业经济重心和禀赋结构重心时空轨迹及其耦合趋势研究［J］．华中农业大学学报（社会科学版），2019（2）：91-99.

［82］吉小燕，周曙东．全要素生产率及其对农业经济增长的影响——基于江苏省的实证研究［J］．科技管理研究，2016，36（21）：104-108.

［83］贾敬全，殷李松．财政支出对产业结构升级的空间效应研究［J］．财经研究，2015，41（9）：18-28.

［84］姜长云．关于发展农业生产性服务业的思考［J］．农业经济问题，2016，37（5）：8-15.

［85］柯善咨，赵曜．产业结构、城市规模与中国城市生产率［J］．经济研究，2014，49（4）：76-88.

［86］匡远配，周凌．农地流转的产业结构效应研究［J］．经济学家，2016（11）：90-96.

［87］李东坤，邓敏．中国省际 OFDI、空间溢出与产业结构升级——基于空间面板杜宾模型的实证分析［J］．国际贸易问题，2016（1）：121-133.

［88］李谷成，范丽霞，冯中朝．资本积累、制度变迁与农业增长——对 1978~2011 年中国农业增长与资本存量的实证估计［J］．管理世界，2014（5）：67-79.

［89］李谷成，尹朝静，吴清华．农村基础设施建设与农业全要素生产率［J］．中南财经政法大学学报，2015（1）：141-147.

［90］李博伟，徐翔，邢丽荣．农业服务业与农业生产区域专业化的协同效应研究［J］．中国农业资源与区划，2018，39（12）：129-137.

［91］李翔，杨柳．华东地区农业全要素生产率增长的实证分析——基于随机前沿生产函数模型［J］．华中农业大学学报（社会科学版），2018（6）：62-68.

［92］林坚，李德洗．非农就业与粮食生产：替代抑或互补——基于粮食主产区农户视角的分析［J］．中国农村经济，2013（9）：54-62.

［93］林毅夫，陈斌开．发展战略、产业结构与收入分配［J］．经济学（季刊），2013（4）：1109-1140.

［94］林毅夫，刘培林．经济发展战略对劳均资本积累和技术进步的影响——基于中国经验的实证研究［J］．中国社会科学，2003（4）：18-32.

［95］林毅夫，张鹏飞．后发优势、技术引进和落后国家的经济增长［J］．经济学（季刊），2005（4）：53-74.

［96］林毅夫．发展战略、自生能力和经济收敛［J］．经济学（季刊），2002（1）：269-300.

［97］林毅夫．新结构经济学、自生能力与新的理论见解［J］．武汉大学学报（哲学社会科学版），2017，70（6）：5-15.

［98］林毅夫．新结构经济学的理论基础和发展方向［J］．经济评论，2017（3）：4-16.

［99］林毅夫．新结构经济学——重构发展经济学的框架［J］．经济学（季刊），2011，10（1）：1-32.

［100］林毅夫．自生能力、经济转型与新古典经济学的反思［J］．经济研究，2002（12）：15-24.

［101］刘强，杨万江，孟华兵．农业生产性服务对我国粮食生产成本效率的影响分析——以水稻产业为例［J］．农业现代化研究，2017，38（1）：8-14.

［102］刘伟，张辉．中国经济增长中的产业结构变迁和技术进步［J］．经济研究，2008，43（11）：4-15.

［103］刘伟，张立元．资源配置、产业结构与全要素生产率：基于真实

经济周期模型的分析［J］. 经济理论与经济管理，2018（9）：5-22.

［104］刘贯春，刘媛媛，张军. 中国省级经济体的异质性增长路径及模式转换——兼论经济增长源泉的传统分解偏差［J］. 管理世界，2019，35（6）：39-55.

［105］刘奕，夏杰长，李垚. 生产性服务业集聚与制造业升级［J］. 中国工业经济，2017（7）：24-42.

［106］卢锦培，白婧. 跨国农业结构比较和中国经济增长［J］. 世界经济研究，2017（5）：98-108.

［107］罗浩轩. 中国区域农业要素禀赋结构变迁的逻辑和趋势分析［J］. 中国农村经济，2017（3）：46-59.

［108］吕健. 产业结构调整、结构性减速与经济增长分化［J］. 中国工业经济，2012（9）：31-43.

［109］吕娜，朱立志. 中国农业环境技术效率与绿色全要素生产率增长研究［J］. 农业技术经济，2019（4）：95-103.

［110］陆雪琴，章上峰. 技术进步偏向定义及其测度［J］. 数量经济技术经济研究，2013，30（8）：20-34.

［111］马林静，王雅鹏，田云. 中国粮食全要素生产率及影响因素的区域分异研究［J］. 农业现代化研究，2014，35（4）：385-391.

［112］马茹，张静，王宏伟. 科技人才促进中国经济高质量发展了吗？——基于科技人才对全要素生产率增长效应的实证检验［J］. 经济与管理研究，2019，40（5）：3-12.

［113］马文杰. 中国粮食综合生产能力研究［M］. 北京：科学出版社，2010.

［114］闵锐，李谷成. 环境约束条件下的中国粮食全要素生产率增长与分解——基于省域面板数据与序列 Malmquist-Luenberger 指数的观察［J］. 经济评论，2012（5）：34-42.

［115］潘丹，应瑞瑶. 资源环境约束下的中国农业全要素生产率增长研究［J］. 资源科学，2013，35（7）：1329-1338.

［116］秦天，彭珏，邓宗兵. 生产性服务业发展与农业全要素生产率增长［J］. 现代经济探讨，2017（12）：93-101.

［117］全炯振. 中国农业的增长路径：1952—2008 年［J］. 农业经济问

题，2010，31（9）：10-16.

［118］任保平．新常态要素禀赋结构变化背景下中国经济增长潜力开发的动力转换［J］．经济学家，2015（5）：13-19.

［119］盛丰．生产性服务业集聚与制造业升级：机制与经验——来自230个城市数据的空间计量分析［J］．产业经济研究，2014（2）：32-39.

［120］宋德军．中国农业产业结构优化与科技创新耦合性评价［J］．科学学研究，2013（2）：191-200.

［121］宋建，郑江淮．产业结构、经济增长与服务业成本病——来自中国的经验证据［J］．产业经济研究，2017（2）：1-13.

［122］苏杭，郑磊，牟逸飞．要素禀赋与中国制造业产业升级——基于WIOD和中国工业企业数据库的分析［J］．管理世界，2017（4）：70-79.

［123］孙顶强，卢宇桐，田旭．生产性服务对中国水稻生产技术效率的影响——基于吉、浙、湘、川4省微观调查数据的实证分析［J］．中国农村经济，2016（8）：70-81.

［124］孙学涛，王振华，张广胜．县域全要素生产率提升中存在结构红利吗？——基于中国1869个县域的面板数据分析［J］．中南财经政法大学学报，2017（6）：73-82.

［125］孙学涛，王振华，张广胜．技术进步偏向对产业结构的影响及其溢出效应［J］．山西财经大学学报，2017，39（11）：56-68.

［126］覃成林，李超．要素禀赋结构、技术选择与中国城市现代产业发展［J］．产业经济研究，2012（3）：18-25.

［127］陶长琪，杨海文．空间计量模型选择及其模拟分析［J］．统计研究，2014（8）：88-96.

［128］汪慧玲，卢锦培．环境约束下粮食安全与经济可持续发展的实证研究［J］．资源科学，2014，36（10）：2149-2156.

［129］汪伟，刘玉飞，彭冬冬．人口老龄化的产业结构升级效应研究［J］．中国工业经济，2015（11）：47-61.

［130］王兵，杨华，朱宁．中国各省份农业效率和全要素生产率增长——基于SBM方向性距离函数的实证分析［J］．南方经济，2011（10）：12-26.

［131］王鹏，尤济红．产业结构调整中的要素配置效率——兼对“结构红利假说”的再检验［J］．经济学动态，2015（10）：70-80.

[132] 王翌秋，陈玉珠．劳动力外出务工对农户种植结构的影响研究——基于江苏和河南的调查数据 [J]. 农业经济问题，2016，37（2）：41-48.

[133] 王勇，沈仲凯．禀赋结构、收入不平等与产业升级 [J]. 经济学(季刊)，2018，17（2）：801-824.

[134] 王振华，孙学涛，李萌萌，江金启．中国县域经济的高质量发展——基于结构红利视角 [J]. 软科学，2019，33（8）：68-72.

[135] 王振华．城镇化发展、产业结构升级与县域经济增长：理论与实证 [D]. 辽宁：沈阳农业大学博士学位论文，2014.

[136] 魏江，叶波．企业集群的创新集成：集群学习与挤压效应 [J]. 中国软科学，2002（12）：39-43.

[137] 魏金义，祁春节．农业技术进步与要素禀赋的耦合协调度测算 [J]. 中国人口·资源与环境，2015，25（1）：90-96.

[138] 魏金义，祁春节．中国农业要素禀赋结构的时空异质性分析 [J]. 中国人口·资源与环境，2015，25（7）：97-104.

[139] 魏修建，李思霖．我国生产性服务业与农业生产效率提升的关系研究——基于 DEA 和面板数据的实证分析 [J]. 经济经纬，2015，32（3）：23-27.

[140] 吴丽丽，李谷成，周晓时．要素禀赋变化与中国农业增长路径选择 [J]. 中国人口·资源与环境，2015，25（8）：144-152.

[141] 吴玉鸣，李建霞．基于地理加权回归模型的省域工业全要素生产率分析 [J]. 经济地理，2006（5）：748-752.

[142] 吴玉鸣．空间计量经济模型在省域研发与创新中的应用研究 [J]. 数量经济技术经济研究，2006（5）：74-85.

[143] 吴石磊．现代农业创业投资的梭形投融资机制构建及支持政策研究 [M]. 北京：经济科学出版社，2018.

[144] 项继权，周长友．“新三农”问题的演变与政策选择 [J]. 中国农村经济，2017（10）：13-25.

[145] 徐盈之，彭欢欢，刘修岩．威廉姆森假说：空间集聚与区域经济增长——基于中国省域数据门槛回归的实证研究 [J]. 经济理论与经济管理，2011（4）：95-102.

[146] 徐会奇，王克稳，李辉．基于省际面板数据的中国农业技术进步贡献率的测算分解？[J]. 经济科学，2011（1）：25-37.

[147] 杨进，钟甫宁，陈志钢．农村劳动力价格、人口结构变化对粮食种植结构的影响［J］. 管理世界，2016（1）：78-87.

[148] 杨天宇，曹志楠．中国经济增长速度放缓的原因是“结构性减速”吗？［J］中国人民大学学报，2015，29（4）：69-79.

[149] 杨天宇，姜秀芳．产业结构变迁、劳动力市场扭曲和中国劳动生产率增长放缓［J］. 经济理论与经济管理，2015（4）：57-67.

[150] 杨万江，李琪．新型经营主体生产性服务对水稻生产技术效率的影响研究——基于12省1926户农户调研数据［J］. 华中农业大学学报（社会科学版），2017（5）：12-19.

[151] 杨占锋，段小梅．产业结构变迁对经济增长质量的影响效应——基于成渝经济区全要素生产率贡献的分析［J］. 地域研究与开发，2019，38（1）：39-44.

[152] 姚战琪．服务业对外开放对我国产业结构升级的影响［J］. 改革，2019（1）：54-63.

[153] 尹朝静，付明辉，李谷成．技术进步偏向、要素配置偏向与农业全要素生产率增长［J］. 华中科技大学学报（社会科学版），2018，32（5）：50-59.

[154] 尹朝静，李谷成，葛静芳．粮食安全：气候变化与粮食生产率增长——基于HP滤波和序列DEA方法的实证分析［J］. 资源科学，2016，38（4）：665-675.

[155] 于斌斌．产业结构调整与生产率提升的经济增长效应——基于中国城市动态空间面板模型的分析［J］. 中国工业经济，2015（12）：83-98.

[156] 余泳泽，刘冉，杨晓章．我国产业结构升级对全要素生产率的影响研究［J］. 产经评论，2016，7（4）：45-58.

[157] 余泳泽，张先轸．要素禀赋、适宜性创新模式选择与全要素生产率提升［J］. 管理世界，2015（9）：13-31.

[158] 张浩然．地理距离、集聚外部性与劳动生产率——基于城市数据的空间面板计量分析［J］. 南方经济，2012（2）：15-26.

[159] 张军．增长、资本形成与技术选择：解释中国经济增长下降的长期因素［J］. 经济学（季刊），2002（1）：301-338.

[160] 张利国，鲍丙飞．我国粮食主产区粮食全要素生产率时空演变及驱动因素［J］. 经济地理，2016，36（3）：147-152.